心に染み入る日本の美しい大和言葉

高橋こうじ

実業之日本社

はじめに

うさぎ追いし彼《か》の山　こぶな釣りし彼《か》の川
夢はいまもめぐりて　忘れがたきふるさと

唱歌「ふるさと」（高野辰之作詞、岡野貞一作曲）は、日本人の心に染みます。その理由の一つは、歌詞のすべてが大和言葉であることです。大和言葉とは、太古の昔に私たちの先祖が創り出した日本固有の言葉。また、その伝統の上に生まれた言葉です。「山《やま》」「川《かわ》」「夢《ゆめ》」「ふるさと」、みんな大和言葉です。

日本語の単語は三種類あり、残る二つは漢語と外来語です。漢語は中国語から取り入れた言葉で、「山地《さんち》」「河川《かせん》」など。つまり、漢字の読みで言えば、音読みで発音されるのが漢語。訓読みが大和言葉です。外来語は中国以外から来た言葉で、多くはカタカナ表記です。たとえば、この文章の表題は「はじめに」ですが、「はじめる」は大和言葉で、同じ意味の漢語は「開始」、外来語は「スタート」。私たちはこんなふうに三種類の日本語を日常的に使っています。

大和言葉が日本人の心に染み入るのは、日本の風土の中で生まれた言葉だからです。たとえば、「地面が盛り上がったところ」は、先祖たちにとって「や」「ま」という二つの音で表すのが一番しっくり来るもの。だから「やま」になりました。つまり、大和言葉はその一音一音が先祖たちの感性の投影なのです。もちろん漢語や外来語も大切な言葉ですが、たとえば漢語の「故郷《こきょう》」を考えても、私たちはその単語を一つのユニットとして認知し、意味を理解するのに対し、大和言葉の「ふるさと」は「ふ」「る」「さ」「と」の一音一音が心に響きます。冒頭に挙げた歌詞の最後を「こきょう」にしてみると、その違いがよくわかりますね。

大和言葉には、このように「心に染み入る」特性があります。ところが最近は、造語能力に富む漢語や一見おしゃれな外来語に押されて、長く愛され、用いられてきた美しい大和言葉があまり使われない、という現象が生まれています。これは本当にもったいない話。大和言葉をもっと知ってもらい、日ごろの会話やスピーチ、手紙やメールなどに生かしてもらおう、ということで生まれたのが本書です。

この本を通して、あなたの会話や文章が多くの美しい大和言葉に彩られ、より充実したものになることを願っています。

高橋こうじ

もくじ

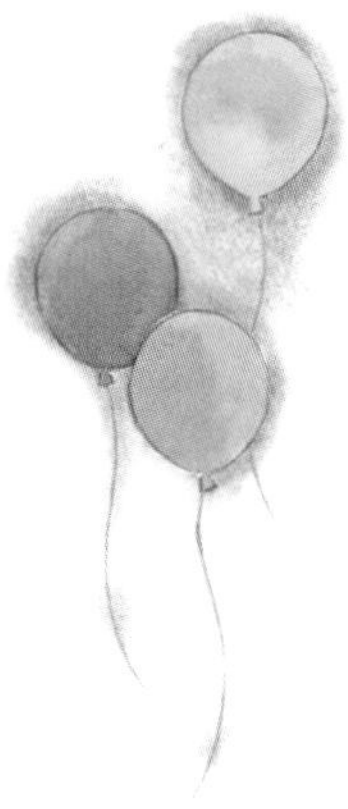

語《かた》らい

何かについて語るとき、辞書では同じ意味であっても、言葉選びによってニュアンスは随分と変わるものです。奥行きのある表現を身につけましょう。

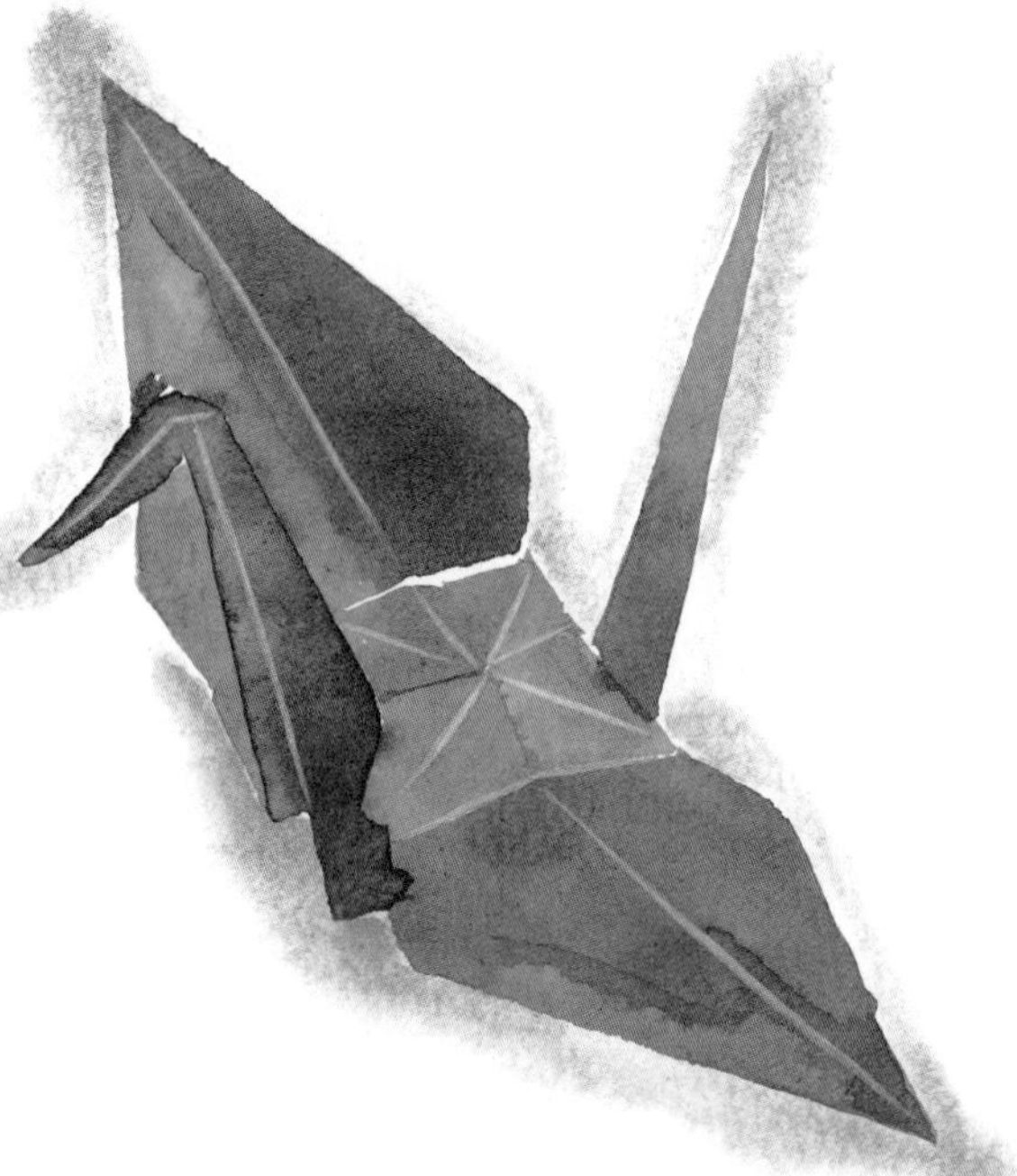

「一番好きなものを和紙で作ってごらん」。こんな課題を出されて、色とりどりの和紙と真剣に格闘する幼稚園児たちを見たことがあります。忘れられないのは、それを順に披露するときの顔です。ある子は飼っている犬を、ある子はテレビの戦隊ヒーロー

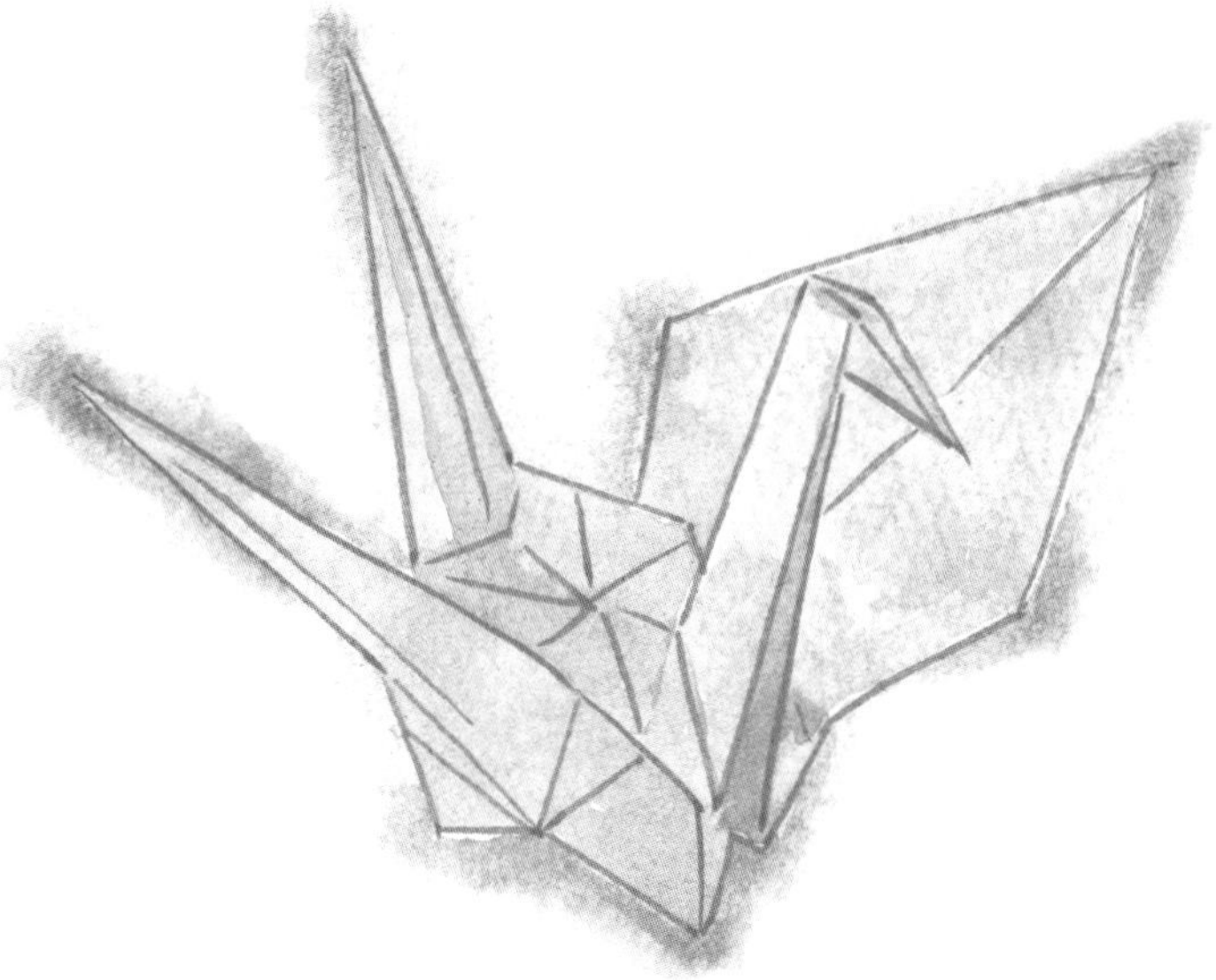

を、ある子はオムライスを掌に乗せ、どの子も恥ずかしさに声をうわずらせながら、でも、どこか幸せそうに、友達に見せていました。
　なぜ恥ずかしいか。それは、心の内にある大事なものを人目にさらすことだから。なぜ幸せか。そうすることで、自分以外の人がそれに触れて、愛したり、大切にしてくれたりする可能性が開かれるからです。
　それは、まさに「語らい」の場でした。
　語らう、すなわち、会話の場で自分の思いを口にするとは、そういうことです。自分の内側にある大事なものをわかってもらうために、言葉という素材を使ってそれを形にし、相手の前に差し出すこと……。だから、いい「語らい」は、美しい言葉を見つけることから始まるのです。

このうえなく

「街で○○さんを見かけたけど、チョー素敵だった」「このお菓子、チョーおいしいよ」。

いまや老若男女を問わず口にする「チョー」。人や作品などを評価する言葉に、ごく短い接頭語「チョー」をつけるだけで、その言葉の意味する程度を「超える」ことを表現できるのだから、とても便利な言い方です。でも、あまりに頻繁に使われるため、最近は、聞く人の心に響いている印象がありません。

「チョー」と言いたいときには、むしろそれを避けて、別の言葉で言ってみましょう。便利な「チョー」ではなく、わざわざその言葉を使ったというだけでも新たなインパクトが生まれます。

一番のお勧めは「このうえなく」。大和言葉特有の柔らかさと穏やかさを持った言葉です。人や作品などを評価する際に、「このうえなく素敵だった」「このうえなくおいしい」といった形で使ってください。「それより上のものがない」という意味ですから、要するに「最高に」「最上に」ということ。でも、こうした漢語では表せない「あふれる思い」が伝わります。

いたく

高い評価に関する「チョー」は、ほぼ百パーセント「このうえなく」に言いかえることができます。でも、「心を打たれた」「感激した」と言いたいときには、より優雅な言い方があるので紹介しましょう。「いたく」です。

漢字にするなら「痛く」。つまり、痛みを感じるほど強く心を打たれた、ということ。ちょっと古めかしい言葉ですが、だからこそ、友達が親切にしてくれたときなどに「いたく心を打たれた」と言えば、照れくさいほどの深い感謝を表現できます。

こよなく

もう一つ、「チョー」に代わる言葉を。「懐かしむ」「愛する」という語の前に、その度合いを強調する言葉をつけたいときは、「このうえなく」よりも「こよなく」が似合います。「ふるさとをこよなく懐かしむ」「家族をこよなく愛している」と言ってみてください。懐かしさや愛情の奥行きがぐっと増します。

＊＊＊＊＊＊＊＊＊＊

このうえなく、いたく、こよなく……。こうした美しい大和言葉は、あなたの発言に上品な香りをまとわせますが、使いすぎは禁物です。二度、三度と続くと、上品さがむしろ鼻についてしまいます。一度口にしたら続けて使わないことが大事。その間は「とても」や「非常に」といった当たりまえの言葉で我慢してください。

お買い被《かぶ》りを

この本を読んでいるあなたは、美しい言葉づかいに対する志向性の持ち主ですから、周囲の人々に「言葉づかいが上品だね」と言われた経験があるかもしれません。過去になくても、今後そうした場面に遭遇する可能性は大です。

そんなときは、どう応じればいいのか。

もちろん、素直に「ありがとうございます」と礼を言うのが基本。でも、そこで話が終わらず、さらに褒められると、対応に困るものです。過度な称賛に「ありがとう」と応じると、うぬぼれているようだし、かといって、せっかく褒めてもらっているのに「いえいえ」「とんでもない」と否定し続けるのも、いい気分ではありません。

「お買い被りを……」と言ってみてはいかがでしょうか。意味するところは「あなたは私を買い被っている」。つまり「それは過大評価だ」ということなので、まさに謙遜の言葉ですが、この表現を使えること自体が、社会人としての総合力を磨いていることの証明。洗練された対応です。

言葉づかいを褒められた場合に限りません。どんな性質、能力に関しても、過度に褒められて困ったときに、重宝に使える言葉です。

おからかいを

能力や性質について褒められたときには

「お買い被りを……」。では、「美人だね」「イケメンだね」などと顔やスタイルを褒められたときには、どう応じればいいでしょう。

この場合も、初めは素直に喜んで「ありがとうございます」と礼を言うのが自然。でも、相手がさらに「女優さんかと思った」「モデルになれるよ」などと続けたら、「おからかいを……」と言ってみましょう。相手は、上手な受け答えをするあなたの頭脳にも関心を持ってくれるはずです。

お戯《たわむ》れはもうそれぐらいで

たいていの褒め言葉は嬉しいものですが、酒の席などで、からかい半分に褒める目上の人は困りものです。「いなかでは神童と呼ばれていたんだよね」「全社員の憧れの的だよな」などとしつこく褒めてくる人には、「お戯れを……」、あるいはもう少しきっぱりと「お戯れはもうそれぐらいで……」と言ってみましょう。よく使われる「ご冗談を」という言い方より一段階上のインパクトを持つ言葉です。

恐れ入ります

褒められて感謝する言葉としては、「ありがとうございます」以外に、「恐れ入ります」があります。漢語を使って「恐縮です」と言っても同じことですが、大和言葉の「恐れ入ります」はより和やかに相手の心に染み入ります。

楽《たの》しゅうございました

目上の人を相手に、できるだけ丁寧な敬語を使って話す中で、楽しい思いや、過去に楽しかった気持ちを表現したくなったら、どうしていますか。最近は、「楽しいです」や「楽しかったです」のような、形容詞に「です」を足す言い方も間違いではない、ということになっていますが、これは伝統的には誤りとされてきた言い方で、ぎこちなさは否めません。

せっかくそれまで丁寧な敬語で話してきたのだから、できることなら、より端正な表現を用いたいもの。かといって「楽しい」を漢語の名詞に置きかえて「愉快です」「極楽でした」などとすると、やや気張った感じの表現になってしまいます。

そんなときには、思い切って「ございます」を使いましょう。たとえば、目上の人と旅行をしたあと、それを振り返る会話では、「あの旅、本当に楽しかったです」ではなく「あの旅、本当に楽しゅうございました」と言うのです。

「楽しゅう」は「楽しく」が変化した言い方。あとに「ございます」がつく場合には、必ずこの形になります。

嬉しゅうございます

形容詞に「ございます」や「ございました」をつける言い方は、もちろん「楽しい」以外のいろいろな形容詞についても用いることができます。

たとえば、嬉しい気持ちを伝えたいとき。「嬉しく存じます」でもいいのですが、よりソフトで美しく響くのは「嬉しゅうございます」です。尊敬する人々が集まる場に自分も招待された、といったときには、「このたびのお誘い、嬉しゅうございます」と礼を述べましょう。

＊＊＊＊＊＊＊＊＊＊＊

後ろに「ございます」がつくときの、形容詞の語尾の変化には3つのパターンがあります。分かれ目は、語尾の「い」の前の文字です。

①「うれしい」のように、そこが五十音のイ段の場合は、その文字に小さい「ゅ」と「う」がついて「うれしゅう」の形になります。

②「ありがたい」のように、そこがア段の文字の場合はその文字をオ段に変えて「う」をつけ、「ありがとうございます」のようになります。

③「さむい」「ほそい」のように、そこがウ段やオ段の場合は、そのまま「う」をつけて「さむうございます」「ほそうございます」となります。

あなたが二十代、三十代なら、こうした表現は古風で自分には似合わないと感じるかもしれません。でも、だからこそ相手の感動は大きくなります。会話で使う勇気が出なければ、まずは目上の方への手紙などで使ってみてください。ご高齢の方などは手を打って喜ばれることでしょう。

もてなし

日本が誇るべき精神として注目を浴びている「おもてなし」。もてなしの心が伝わるフレーズを紹介します。

趣味で陶芸を嗜むF君が言いました。「来春、大事なお客さんがあるので、その夕食のために、いま陶器を焼いているんだ。それが心からのもてなしだろう?」。するとK君が「いや、君の実家には魯山人の焼き物がある。あれに料理を盛ったらお客さん

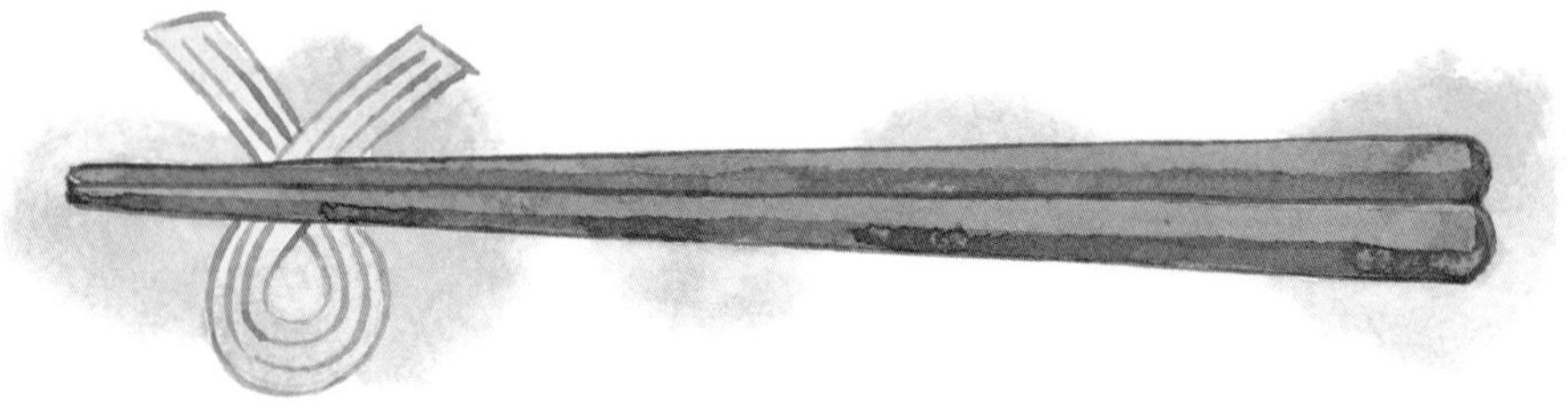

は大感激のはず。より強く感激してもらうよう努めるのが本当のもてなしだ」。さて、あなたはどちらに賛成しますか。

私はF君に味方しました。K君の〝感激主義〟でいくと、たとえばF君の代わりに人気の芸能人が話し相手になったほうがいい、ということになってしまうからです。

もちろん、結果としてお客様が感激してくれればそれは喜ばしいことですが、目的ではありません。もてなしとは、自分の趣味、生き方、相手への思いなどを、丁寧に、正直に表現し、両者の心の間で響き合う何かを見いだして、その喜びを共有すること。ショーではなく、コミュニケーションです。お客様と深く知り合ったとき、いったい何が響き合うのだろう……という期待と好奇心が、心からのもてなしを生むのです。

ようこそお運びくださいました

客を迎える言葉といえば「ようこそ」に続けて「おいでくださいました」「いらっしゃいました」「おこしくださいました」「いらっしゃいました」。どれも美しい挨拶ですが、ぜひ、もう一つ覚えてください。「ようこそお運びくださいました」という言い方です。「お運び」とは「足を運ぶこと」なので、客が来てくれたことだけでなく、それに費やした体力と時間にも目を向け、感謝する言葉。したがって、遠くから来てくれた人や、雨の日の客などに対して使えば、まさに心のこもった歓迎の挨拶になります。

「お運び」は名詞として使うこともできます。招待状の文言ならば「お運びを願いたく存じます」。パーティーの会場で主催者として挨拶するならば、「多くの皆様のお運びを頂戴し、感謝に堪えません」といった使い方です。より畏まった印象を醸します。

「お運び」だけでなく「ようこそ」まで名詞のように用いるユニークな言い方が「ようこそのお運び」です。「ようこそのお運び、厚く御礼申し上げます」といった形で使います。

お待ちしていました

招待されたとはいえ、他人の家に入る立場である客は、それなりに緊張しています。お決まりの言葉ではありますが、「お待ち

していました」の一言は嬉しいものです。より丁寧に言うなら「お待ち申し上げておりました」となります。

お上がりください

個人の家に客を招き入れるときには「どうぞお上がりください」が一番です。「お入りください」も立派な敬語ですが、商店や会社、公衆便所などでも使われる言葉。「お上がりください」は、個人宅に来てくれた人への親しみを表現できます。

ごゆるりと

緊張している客に、リラックスしてほしいと伝えたいときは、昔も今も「おくつろぎください」。「くつろぐ」は日本人の心を癒す優しい言葉です。

では、その前に一言つけるとすれば、どんな言葉がいいか。よく使われる「ゆっくり」「ゆったり」はどちらもゆとりを表す副詞ですが、「ゆっくり」は主として時間、「ゆったり」は空間のゆとりが想起されます。その点、重宝なのが、「ゆるり」という大和言葉に「ご」をつけた「ごゆるりと」。広い意味でのゆとりを表現する言葉なので、「ごゆるりとおくつろぎください」はどんな場でも使えます。目の前の客に対して「どうぞごゆるりと」とだけ言ってあとを略すのも、柔和で美しい表現です。

お心置きなく

「ご遠慮なく」は、もてなしの場の常套句ですが、使いづらい言葉でもあります。料理に手をつけずにいる客に「どうぞご遠慮なく」と言うのは自然ですが、料理を出しながら言う「ご遠慮なくお召し上がりください」は、ちょっと変な雰囲気を生むことがあります。

それは、「ご遠慮」という言葉が「控えめであることの美徳」を思い起こさせ、同時に「遠慮なく○○する」という言い方が「厚かましさ」を連想させるから。つまり、客にしてみれば「遠慮は美徳ですが、あなたは厚かましくなさってください」と言われた感じになる可能性があるのです。そのリスクを思えば、配膳の際はシンプルな「どうぞお召し上がりください」が無難です。

ただ、ひどく畏まり、いかにも遠慮しそうな客には「食事を楽しんで」と言いたいもの。そんなときに使える優しい大和言葉が「お心置きなく」です。「心置き」は「遠慮」とほぼ同じ意味ですが、美徳のイメージを帯びていないので「お心置きなく」は嫌みに響きません。心を込めて「お心置きなくお召し上がりください」と伝えてください。

お口に合いますかどうか

最近はグルメブームの影響で、うまいものは絶対的にうまい、と考える風潮が広がっているように感じます。でも、本来、

味覚は人それぞれ。どれほどの大金や手間をかけたご馳走でも、客がおいしいと感じるかどうかはわかりません。だから、迎える側は、自分が最高のご馳走と信じるものを用意し、でも緊張感を持って「お口に合いますかどうか……」と差し出す。そんなもてなしなら、たとえ嗜好の違いがあっても、客の心を幸福感で満たすはずです。

ほんのお口汚《くちよご》しですが

「お口汚し」という言葉を「まずいもの」と解釈する人が多いようですが、これは間違い。少量という意味です。あらゆる食べ物は口の中を汚すけれど、一定の量があれば腹を満たしてくれる。でも、これは口を汚すだけで終わってしまうだけのわずかな量です、という、量についての謙遜です。少量の菓子やつまみなどを出すときに「ほんのお口汚しですが……」と言い添えます。

大和言葉クイズ

【問い】
「まろうど」とは、どんな人を指す大和言葉でしょう。
①主人
②客
③料理人

【答え】
「まろうど」の語源は「まれひと」。まれに来る人という意味で、客のことです。

どうぞお付き合いください

現代の日本の結婚披露宴は、多くの場合、一部の客が新郎新婦を祝福するスピーチや余興などをおこない、他の客と新郎新婦がそれを楽しむ、という形。そこで難しいのが、宴の冒頭や前半で新郎や新婦が挨拶する機会を得たときの言葉です。出だしは主催者らしく「ようこそおいでくださいました」でいいのですが、結びの言葉は「おくつろぎください」も「お楽しみください」もどこか変。これは、宴の主催者、つまり、もてなす側の新郎新婦が、現実には宴を通して上座に座り、客に楽しませてもらうからです。つまり、根本的な矛盾が生む違和感なので、言い方を少し変えたぐらいでは解消されません。

こうした場では、率直に、この状況に合う挨拶をしましょう。それが「どうぞお付き合いください」です。自分たちはこの宴を大いに楽しむので、皆さんもそれに付き合ってください、と頼むわけです。「行き届かぬ点もあるかと思いますが」、あるいは「私たちの門出となる2時間半です」といった言葉に続けて「どうぞお付き合いください」と結べば、正直な心根を吐露する、爽やかな挨拶になります。

お言葉を賜《たまわ》る

多くの客から祝辞を送られた新郎新婦が礼を述べる際には、できるだけ美しい敬語

を使いたいもの。「お言葉をいただき、ありがとうございました」でもいいのですが、より丁寧で、敬意を強調する言い方が「お言葉を賜る」です。「賜る」は畏まった言葉ですが、響きが柔らかいので仰々しさを感じさせません。

今宵《こよい》

結婚披露宴では、「本日はおこしいただき……」といった形で、「本日」というや硬い言葉がやたらと繰り返されます。これは「今日《きょう》」という語があまりに日常的で重みに欠けるから。しかたがない現象なのですが、披露宴が夕刻なら、より美しい「今宵」という言葉を使うことができます。「今宵の宴、お楽しみいただけたでしょうか」、「今宵、皆様より賜りましたお言葉を心に刻み……」といった形で使ってみてください。

言祝《ことほ》ぐ

「言祝ぐ」という言葉を知っていますか。意味は「祝う」とほぼ同じですが、使い慣れた「祝う」では感じられなくなった言霊信仰の香り、すなわち「めでたい言葉を口にすると本当に幸福が訪れる」と信じる文化の香りを漂わせる言葉です。「結婚を言祝ぎ、謡曲『高砂』を……」のように用います。名詞形は「言祝ぎ」で、これが変化したのが、おなじみの「寿《ことぶき》」です。

手《て》紙《がみ》

気負わずに「和の手紙」を書けたらと思いませんか？　大和言葉を使った、略式でも気持ちが伝わる書き方を紹介します。

反対意見もあるでしょうが、私はよほど畏まった手紙でない限り、私信では「拝啓」「謹啓」といった冒頭の言葉を省きます。若い人にも、それでいいと伝えています。「拝啓」などで始め、季節の挨拶、「お慶び」の言葉、感謝の言葉を述べたうえで本文を書き、結びの挨拶を経て「敬具」などで締

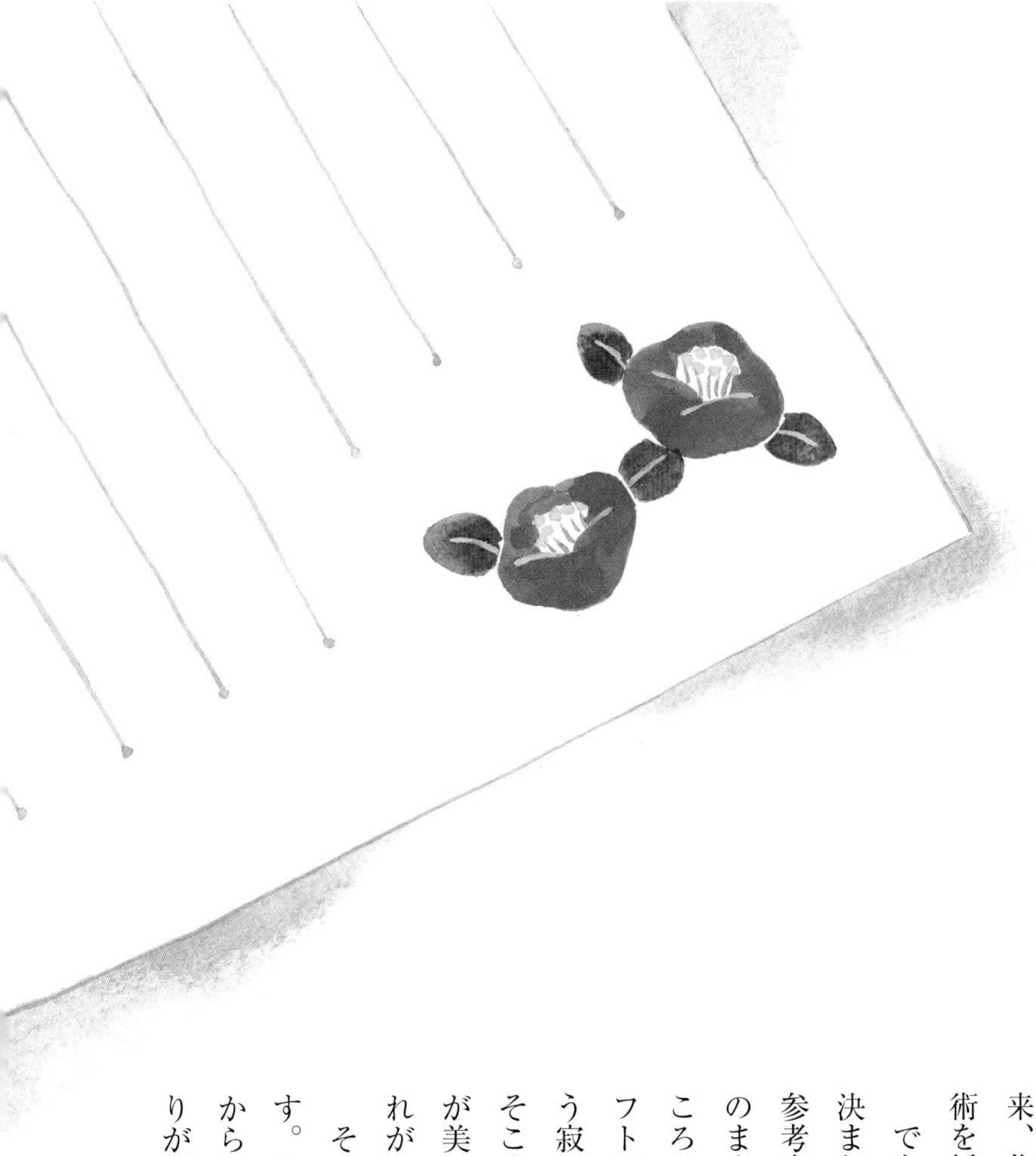

める、という「和の手紙」の綴り方は、本来、作文が苦手な人にも端正な手紙を書く術を授けるありがたい形式です。
　でも、手紙を書く機会が減った私たちは決まり事を覚えきれないので、どうしても参考書を開き、結局、そこにある例文をそのまま……ということになりがち。それどころか、最近は冒頭の挨拶をパソコンのソフトに任せ、自らはそれを読まない、という寂しい書き方が広まっています。しかも、そこまでパソコンに頼りきって書かれた文が美しいかというと、どういうわけか、これが……。
　そんな手紙より、略式の「和の手紙」です。テンプレートで済ませがちな世の中だからこそ、さらりとした挨拶の中に和の香りが漂う手紙が印象に残ることでしょう。

日ましに春めくこのごろ

略式の「和の手紙」。その第一のポイントは、「拝啓」「謹啓」といった冒頭の言葉を省き、その代わりに短めの「季節の言葉」を置くことです。

短く済ませるのだから、気象や植物の様子を語る文は不要。抽象的な定型句で構いません。ただし、いまがどんな時季か、ということはパソコンに頼らず、あなた自身の心で判断してください。具体的には、まず、春、夏、秋、冬のうちの一つを選び、次に、その季節について、①まだ新鮮に感じている、②慣れてきた、③深まりを感じている、④心はもう次の季節へ向いている……のどれかを判断します。

そして、それに合う定型句を本やパソコンなどで捜すわけですが、その際には、一言でいいから、ふだんはあまり使わない大和言葉が含まれるものを採用してください。

たとえば、あなたが、ある季節について、①まだ新鮮に感じている、と思ったなら、「日ましに○○めくこのごろ」という定型句です。春ならば「日ましに春めくこのごろ」となります。シンプルですが、「早春の候」のような漢語中心の表現よりも相手の心を打つ言葉です。

夏も早《はや》たけなわ

ある季節について、あなたが、②慣れてきたと思ったならば、「○○も早たけなわ」

という文句です。夏の場合なら「夏も早たけなわ」となります。

秋まさにたけなわ

あなたが、ある季節について、③深まりを感じていると思ったならば、「早」ではなく「○○まさにたけなわ」がぴったり。秋ならば「秋まさにたけなわ」です。秋や冬はどちらかといえば地味な季節ですが、それぞれの味わい、楽しみがあるわけで、「たけなわ」という表現はおかしくありません。

此処彼処《ここかしこ》に春の兆《きざ》しが覗くこのごろ

あなたが、ある季節について、④心はもう次の季節へ向いている、と感じたならば、「此処彼処に○○の兆《きざ》しが覗くこのごろ」という言葉です。たとえば、まだ冬だけど心は春へ向かっていると思ったら、「此処彼処に春の兆しが覗くこのごろ」。「其処此処《そここ》」や「垣間見《かいまみ》る」を用いて「其処此処に春の兆しを垣間見るこのごろ」としても構いません。

○○様には

略式の「和の手紙」。その二つめのポイントは、「お慶び」の言葉の代わりに、近況を尋ねる言葉を述べることです。正式な手紙では、季節の挨拶のあとには「○○様におかれましては、ますますご清祥のこととお慶び申し上げます」といったお慶びの言葉が続きますが、これを「○○様には、いかがお過ごしでしょうか」「○○先生、ご家族の皆様には、お元気でお過ごしですか」のような質問の形にするのです。

ここで大事なのは、相手の名のあとにつける助詞です。「○○様は」ではなく「○○様には」とします。文法的にはおかしいのですが、これは、尊敬する人の名を主語として直接的に語ることを失礼ととらえる日本の文化が生んだ習慣。まだ多くの人が守っている約束事なので従いましょう。

親しい人への手紙で、この表現が堅苦しく思える場合は、「○○様には」という言葉そのものを省き、季節の言葉に続けて「いかがお過ごしでしょうか」としても構いません。

ひとかたならぬお世話に

冒頭の挨拶は簡略化しましたが、それに続く感謝の言葉は、「和の手紙」の最も美しい要素。「○○の折にはお世話になりました。ありがとうございました」といった形で、心を込めて過去についての感謝を綴りましょう。「ひとかたならぬお世話に……」という言葉を使えば、より礼儀正しい挨拶になります。

日ごろは何かと

日常的な交流がある、あるいは、しばしば仕事で関わる相手に対しては「日ごろは何かとお世話になります」「日ごろは何かにつけてご厚情を賜り、ありがとうございます」のように、「日ごろは」という言葉で礼を言うと「和の手紙」らしくなります。

お心にかけていただく

さらに和の雰囲気が増す言葉に「お心にかけていただく」があります。「日ごろは何かとお心にかけていただき、ありがとうございます」は、毎日会う同僚やご近所の人から、お歳暮のやりとりだけが続く人まで、広い範囲の知己に対して使える感謝の言葉です。より深い敬意を表したいときは「お心におかけいただき」にしましょう。

お引き立ていただく

会社の上司、仕事の取り引き先などへの手紙には「お引き立て」という語が似合います。「日ごろは何かとお引き立ていただき、ありがとうございます」といった形です。

幾重《いくえ》にもお願い申し上げます

感謝の言葉を終えたら、用件に入りましょう。行を変えて、「本日は、○○のことでお手紙を差し上げました」、あるいは「さて、お問い合わせいただきました○○の件ですが……」といった言葉で始めます。

ただし、礼状の場合は、感謝する言葉が続くことになるので、「また」という接続詞で始めることになります。「また、このたびは上等なハムをお送りいただき……」「また、先日はご馳走にあずかり……」といった形です。

用件については、わかりやすく書くのが一番ですが、締めくくりだけは、お願いの言葉を短めに繰り返すと丁寧な手紙になります。たとえば、本文の中で一度「お願いいたします」と言っていても、あらためて「以上、よろしくお願い申し上げます」と言い足します。また、一度「ありがとうございます」と述べていても、もう一度「御礼申し上げます」と書き添えます。その際、単調な繰り返しが気になるようなら「幾重にも」「重ね重ね」「あらためて」という大和言葉をつけると、落ち着きのいい文章になります。

お酌《く》みとりください

用件を終えたら、結びの言葉です。文章に自信がない場合は、「拙《つたな》い手紙ですがどうぞお酌みとりください」と書きましょう。

いわば保険。多少おかしな部分があっても許してもらえます。推察する、という意味の「くみとる」ですから、漢字は「酌」が適当です。

お身体をお厭《いと》いください

結びの言葉として最もよく使われるのは、「時節柄ご自愛ください」でしょう。もちろん、それでもいいのですが、「ご自愛ください」の代わりに、大和言葉の柔らかい響きを生かした「お身体をお厭いください」という表現も使ってみてください。意味はほぼ同じです。なお、手紙で相手の体について触れるときは、人間以外にも用いる「体」という字を使わず、「身体」と書いて「からだ」と読ませる慣習があります。学校で習った国語の規則に反する慣習ですが、少なくとも中高年の人への手紙では守ったほうが無難です。

くれぐれも御身《おんみ》おいたわりください

高齢の人や病人、体の弱い人に対して、本文で体調を気遣った場合は、結びが「どうぞご自愛ください」では物足りない感じです。「くれぐれも」を使って「くれぐれも御身おいたわりください」「くれぐれも御身お大切に」と結べば、相手の健康を深く願う気持ちが伝わります。

言《こと》挙《あ》げ

言挙げとは、思っている内容をはっきりと口にすること。大勢の前でスピーチやプレゼンをするときにも大和言葉は役立ちます。

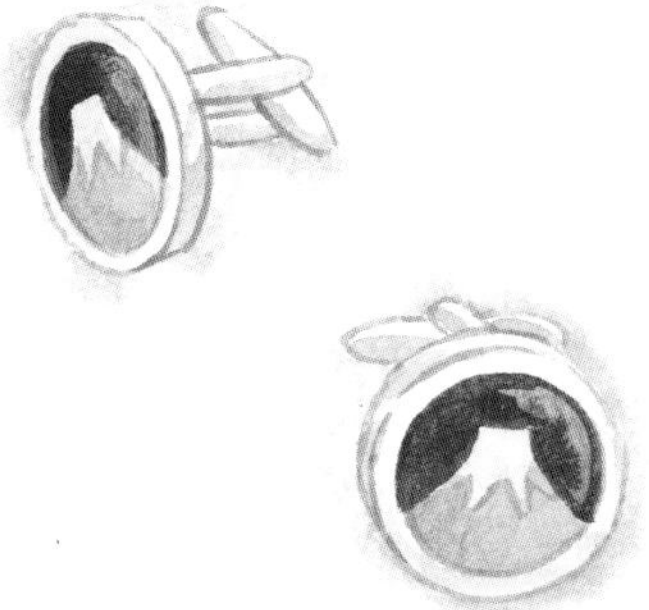

パーティーや式典に出るときの服装を思ってみてください。私たちは、ふだんより立派なスーツやドレスに身を包み、おしゃれをした気になりますが、みんなから「おしゃれ」と言われる人は違います。小さくても個性的なアクセサリーやネクタイなどを身につけ、さりげなくアピールするのです。

私は、スピーチやプレゼンにも同じことを感じます。ふだんより明晰な言い方、インパクトのある言葉で語りかけるのはみんな同じ。印象に残っている人は、そうした言葉の合間に、他の人が口にしない個性的な語句をさりげなく用いて、おしゃれなスピーチ、かっこいいプレゼンを作り上げています。

そこで提案です。スピーチやプレゼンで、ふだんは使わない大和言葉の接続詞や副詞句を用いてみませんか。

とてもそんな余裕はない、と思うかもしれませんが、私の経験から言えば逆です。ワンポイントのおしゃれを持っているという思いが、心のゆとりを生み、美しい言挙げを引き出します。

いみじくも

パーティーのスピーチでは、たいてい、その集まりの中心人物や組織について説明したり称賛したりする話が軸になるもの。そうした話でよく使われるのが、かつて耳にした褒め言葉やつけられたあだ名などを紹介したうえで、「まさに、この言葉の通りです」「まったくその通りです」などと結ぶ話し方です。

「いみじくも」は、こうした話で使える格調高い大和言葉。「いみじ」は「程度が著《いちじる》しい」という意味の形容詞なので、「いみじくも」は本来「すごく」と同義なのですが、実際には、言葉による表現について「すごく巧みだ」という場合だけに使われ、その用法も「いみじくも言い表す」「いみじくも言い当てる」「○○氏がいみじくも言ったように……」といった形にほぼ限定されます。

たとえば、あなたが学友について語る中で、「担任の先生は○○さんを〝元気ちゃん〟と呼んでいましたが、まさにその通りです」と言いたければ、「まさにその通りです」の部分を「いみじくも、この言葉が○○さんの性格と人生を言い表しています」といった形に言いかえてみてください。聞いている人たちの表情に「お、かっこいい表現……」という驚きが浮かぶはずです。

まさしく

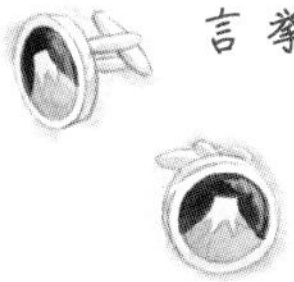

「いみじくも」を使う勇気が出なければ、より簡単に使えるのが「まさしく」です。「まさに、この言葉の通りです」「まったくその通りです」と言いたいときに、「まさに」「まったく」の部分を「まさしく」にかえてみてください。それだけで、スピーチ全体が上品な香りを帯びます。

つまるところ

スピーチでは「結局は……なのです」という形で話をまとめる場合が多くありますが、そのとき、「結局は」に代えて使える大和言葉が「つまるところ」です。「社風が明るいとか、社員が礼儀正しいとか、いろいろ言われますが、つまるところ、社長の教育がいいのです」のように用います。

いやがうえにも

個人や組織の意気込み、雰囲気などが高まる、という話をする中で、「ますます」と言いたいときに使えるのが「いやがうえにも」という表現。ただし、先にその理由を述べるのが原則です。たとえば「結婚に続いてこの重職を得たわけですから、いやがうえにもやる気が高まっていることでしょう」といった形です。「いや」は漢字で表すなら「弥」で、物事《ものごと》の程度が甚《はなは》だしいこと。「嫌」ではありません。

むべなるかな

「むべなるかな」という言葉を知っていますか。「むべ」は「なるほど」という意味なので、直訳すれば「なるほど、という感じだなあ」。つまり、驚いたり感心したりした事柄について、裏の事情などを知って、それなら納得だ、というときに発する言葉です。

面白いのは、昔から、この言葉全体を一つの名詞のように用いる習慣があること。「それなら〝むべなるかな〟です」といった表現が許されるのです。「当然」「納得」といった言葉が予想されるところに「むべなるかな」という長い大和言葉が飛び込むわけで、そのギャップが聞く人の心をツンと刺激します。

たとえば、同僚についてのスピーチで、「○○さんは、いつも姿勢がいいので感心していたのですが、なんと学校時代には剣道に勤しみ、県の代表にもなったそうです」といった話をしたら、最後は「それを聞いて納得しました」ではなく、「そうであれば、姿勢の良さも〝むべなるかな〟です」とまとめてみてください。

あまつさえ

スピーチでは、過去に体験した困難について語ることが少なくありません。その中で「さらに○○の状態にも陥り、大変でした」と言いたいとき、「さらに」の代わりに使えるのが「あまつさえ」です。たとえば「私たちのチームは人数が足りず、あまつさえ、エースが故障というさんざんな状態。そこへ○○さんが来てくれたのです」といった使い方。「あまつさえ」の語源は「余りさえ」で、数量が過剰である様子を言う言葉です。

いささか

「いささか」は本来「少し」という意味ですが、最近はもっぱら人の行為や物の量の程度が標準を少し外れている、という文脈の中で用いられます。「わが部は見事に優勝したのですが、みんないささか張り切り過ぎたようで、翌日は全員が筋肉痛でオフィスが病院のようでした」といった形で使ってください。

たまさかに

「もしかして」「ひょっとすると」という言葉の代わりに使えるのが「たまさかに」です。「たまさか」は「偶然」。「たまさかに」は、ある事柄が偶然起きることへの期待や不安を抱いている、という文脈の中で使われるのが一般的です。「本社に行けば、たまさかに○○さんのお顔を拝見できるかもと、月に一度の出張が楽しみでした」。そんな言い方です。

惜しむらくは

プレゼンは、企画や商品の良さを訴える場ですから、当然、他の企画や商品については「残念ながら○○の点で不十分です」と言う機会が少なくありません。そんなとき、「残念ながら」に代えて使える、品のある大和言葉が「惜しむらくは」です。たとえば、性能は良いが見た目がイマイチだ、と言いたいときには、「性能はとても優れているのですが、惜しむらくは、見栄えがもう一つです」と言ってみてください。

「惜しむらくは」は、動詞「惜しむ」に接尾語「らく」がついて名詞となった「惜しむらく」に、助詞の「は」がついた独特の言い方で、「惜しいことには」という意味になります。

同じ構造を持つ言葉としては、もう一つ「望むらくは」があります。意味は「私が望むところは……」。「望むらくは健康です」といったふつうの言い方もできますが、「どうか○○しますように」と祈る言葉の「どうか」に代えて、「望むらくは、ヒット商品となりますように」のような用法もあります。ただし、使いすぎると鼻につくので、一回のプレゼンで口にするのは、「惜しむらくは」か「望むらくは」、どちらか一つが適当でしょう。

なかんずく

同じ性質や傾向を持ついくつかの事柄に

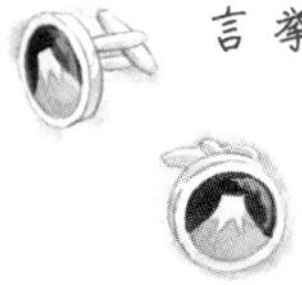

ついて述べたあと、「なかでも、○○はその性質が強い」と語りたいとき、「なかでも」に代えて使えるのが「なかんずく」です。かつて同じ意味で用いられていた「中に就《つ》くに」が変化した言葉と言われています。「この商品は、ルックス、使いやすさ、片付けやすさのすべてに優れていますが、なかんずく、片付けやすさに関しては他の追随を許しません」といった形で使うと、プレゼンがきりっと引き締まります。

よしんば

「よしんば」は「仮に」。英語で言えば「イフ」です。ただし「しかたがないので」という意味の副詞「よし」から生まれた言葉なので、悪い方向の仮定についてのみ使います。「よしんば、模倣品が出たとしても、顧客を逃がさない自信があります」のような言い方です。

言わずもがな

「言わずもがな」は、「言わない」という意味の「言わず」に願望の助詞「がな」がついた言葉で、もともとは「言う必要はないよね」という意味。現代では「○○は言うまでもなく」「○○はもちろんのこと」と言いたいときに使われます。「この商品は、学校や予備校は言わずもがな、小規模の塾においても需要が見込めます」といった形です。

言伝《ことづて》

書き置きやちょっとした報告のことを言伝と言います。短い文だからこそ、そこで使われる一語一語が相手の心を波立たせます。

「正岡子規以来の俳句の天才ではないかと思うんです」。そう言って、友人のM君は丁寧に折った紙を鞄から取り出しました。場所は居酒屋。男ばかりで飲んでいたときのことです。広げると、幼児の字で「パパおはよう／あやのちゃんちに／いってます」。日曜の朝、娘が書いてくれた置き手紙。もちろん、彼はそれから私たちにさんざんどつかれました。

　でも、M君の反駁にも一理ありました。「いいですか。後半の部分だけで用は足りるんです。なのに、最初に『パパおはよう』と書いてくれた。それで俳句ができあがった。これは認めてください」。なるほど、確かにそうです。そしてそのせいで、この紙片はM君にとって決して手放すことのできない「天才の作品」になったのです。

　言伝は用件を伝えるためのものですが、そこで使われる言葉は、ときに日ごろの思いを凝縮したものとなり、そこからこんなドラマも生まれます。M君とは長く会っていませんが、娘さんはもう高校生のはず。いまはお父さんとメールのやりとりをしていることでしょう。果たして、いまも天才でしょうか。

しばしお待ちを

親しい同僚や上司の中にせっかちな人がいて、「例の資料、まだできないの？」と言ってきたら、どんな返事をしますか？

「締め切りまでには届けます」「もう少し時間がかかります」といった、ややぶっきらぼうな言葉を返したくなりますが、どうせなら、丁寧な言葉で返して、あなたの株を上げてください。「あと○○分ぐらいでできそうです」と述べたあと、「しばしお待ちを」と添える、という方法です。ちょっと古めかしい「しばし」がユーモラスな雰囲気を醸し、相手の心を鎮めます。

「しばし」は「少しの間」という意味。百人一首の中でもファンの多い僧正遍照《そうじょうへんじょう》の歌「天《あま》つ風《かぜ》　雲の通《かよ》ひ路《ぢ》吹き閉ぢよ　をとめの姿しばしとどめむ」の、あの「しばし」です。この歌は「風よ、美しく舞う少女が天女のように空に昇ってしまわないよう、道をふさいでおくれ」という意味。平安朝の歌人がこんな優雅な歌で使った言葉を同僚へのメッセージに記す、というだけでも楽しいではありませんか。

概《おおむ》ね

仕事の進み具合を上司や同僚に話すときによく使うのが「だいたい順調に進んでいますが、○○の部分が……」という言い方。口で言うときはそれでいいのですが、これをメールなどでそのまま文字にすると、「だいたい」という語のせいで少し無責任な報告のように感じられる場合があります。

ところが、格調高い「概ね」を使えば、意味は同じなのに、その心配はゼロ。「A社との打ち合わせは、概ね順調です。ただ○○が……」という言い方がお勧めです。

あらましは次の通りです

「だいたい○○です」という文の「だいたい」に代わるのが「概ね」。それに対して「今度の企画のだいたいのところは……」「概略は……」と言いたいとき、「だいたいのところ」や「概略」という名詞句に代えて使えるのが、「あらまし」です。「だいたいのところは以下の通りです」「概略は添付ファイルの通りです」と書きたいときに、「あらましは」で始めて、読み手を感心させてください。

続けざまですみません

同僚や取り引き先に尋ねたいことが次々に湧いて、数分おきにメールを送ってしまう、といったときの謝罪には、「続けざまですみません」「続けざまのメールで申しわけありません」という言葉がぴったりです。「続けざま」という言葉の美しさのおかげで、「連続して何度も」よりもスムーズに謝罪を受け入れてもらえるはずです。

遅ればせながら

明確に設定されていた仕事の締め切りを守れなかった、というときにはきちんと謝らなければいけませんが、ときには「だいたい今月中ぐらいで」といった曖昧な約束もあります。それをほんの少し過ぎた、という場合は、丁寧な謝罪は大げさでおかしいし、かといって、何も言わないのもどうか……と迷うものです。

そんなときは「遅ればせながら」という言葉を添えましょう。「遅ればせながら○○を送ります」という形です。少し遅れてごめんなさい、という気持ちがじんわりと相手に伝わります。

「遅ればせながら」は、食事をご馳走になったあと、御礼のメールを出すのが遅れた、といった場合にも使えます。「遅ればせながら、御礼申し上げます」が標準形ですが、「遅ればせながら、ご馳走さまでした」「遅ればせながら、ありがとうございます」のように、御礼の言葉を直接続けても構いません。

「遅ればせ」のもともとの意味は、遅れて馳せ参じること。つまり、大事な場に他の人より遅れて駆けつけることです。

いましがた

「いましがた」は、漢字で書けば「今し方」。「し」は強調のために添えられた助詞で、日常の言葉に訳せば「たったいま」で

す。意味はいたって単純ですが、短いメモやメールの中に「いましがた報告を受けました」「いましがた戻りました」といった文があると、文章全体が引き締まり、書き手の凛々しさまでが浮かびあがります。

思いのほか

メールなどで「意外と」や「案外」を多用していませんか。間違いではありませんが、繰り返されると、口癖を聞かされているようで、読み手はあまりいい気分ではありません。

そこで、ときには「思いのほか」という大和言葉を使ってみてください。「飾りつけは思いのほか早く進みました」「思いのほか楽しい集まりでした」と書けば、文の美しさは数段アップします。

鑑《かんが》みて

予算などに関するやりとりでは、「去年までの実績を参考にすると……」という文を書くことが多くなりますが、この「参考にすると」という部分を一言で言えるのが「鑑みて」です。「去年までの実績に鑑みて、百万円が妥当と判断しました」のように用いれば、締まった文章になります。「鑑みる」は、「鏡」から生まれた動詞。先例などに「照らし合わせて考える」という意味です。

私事《わたくしごと》ですが

婚約や結婚、引っ越しのような個人的な事柄をメモやメールで伝える場合、挨拶に続いて「実は」「突然ですが」といった書き出しとともに述べる人が多いようです。相手が友人ならそれでいいのですが、仕事関係の人や地域の活動の仲間などに知らせる場合は、こうした私的な話が唐突に始まることを不快に感じる人がいるかもしれません。

そこで、「仕事に関係ない話でお時間をとらせてすみません」という気持ちを伝えるために、「私事ですが」「私事で恐縮ですが」という言葉から始めましょう。「私事ですが、このたび結婚することになりました」「私事で恐縮ですが、先週末に転居いたしました」といった具合です。

また、参加すべき会議などに、家族の病気や怪我といった事情で出られないときにも、理由とともに「私事で申しわけありません」と記せば、苦しい胸の内が伝わるので、「甘えてる」などと言われずに済みます。

お手すきのときに

上司や目上の人へのメールやメモでは、「手があいたら〇〇してほしい」と伝えるケースがままありますが、「お手があいたら……」も「お暇なときに……」も、やや舌足らずな感じです。「お手すきのときに」を用いて、「お手すきのときに〇〇してい

ただけたら大変ありがたく存じます」と結ぶのが一番でしょう。

ゆるがせにしない

相手と取り交わした契約や取り決めについて、「私は約束を守りますので信頼してください」と伝えたいときにぴったりの大和言葉が「ゆるがせにしない」です。「共同事業の件、決してゆるがせにいたしません」のように用います。「ゆるがせ」とは、物事を疎《おろそ》かにすること。それを否定する硬い言葉を使うことでこちらの決意の固さを伝えることができます。

心待ちにしています

取り引き先に新たな事業などを提案し、その返事を待っている、といった状況で使えるのが「心待ちにしています」という言い方です。「嬉しいお返事を心待ちにしております」と書けば、ただ「お返事を待っています」と述べるよりも、はるかに大きな期待感を伝えることができます。

コラム①

大和言葉の響きを楽しむ

大和言葉は、その響きが魅力の一つでもあります。ここでは、大和言葉の〈音〉を純粋に楽しんでみましょう。

大和言葉の音の特徴は、比較的平板で、すべての音節の母音が、いわば「平等に響く」ことにあります。外国の人に話を聞くと「トヨタ（TOYOTA）」「はやぶさ（HAYABUSA）」「かわいい（KAWAII）」といった言葉を聞いたり発音したりするのはとても楽しい、まるで歌を歌っているようだ、と言います。それは一音ごとに「A」「I」「U」「E」「O」という母音がよく響いているからです。

そこで、ちょっと古風で耳にする機会が少ない、でも、そうした母音の響きを鑑賞するに値する、美しい大和言葉を集めてみました。ぜひ、声に出して読んでみてください。

【卯《う》の花腐《はなくだ》し】 旧暦の五月ごろ、現在の六月ごろに降る長雨のこと。卯の花を腐らしてしまうような雨、という意味です。

【雪明《ゆきあか》り】　暗い夜なのに、積もった雪の反射のせいでほのかに物が見えるとき、その「雪から放たれる光」を言う言葉です。

【澪標《みおつくし》】　船の安全な航行のために、浅い湾や河口に立てる、水深や水脈などを示す杭です。

【潦《にわたずみ》】　水たまり、あるいは、地面を流れる水のこと。

【祝女《はふりめ》】　神に仕える女性。巫女《みこ》。

【膕窪《よほろくぼ》】　膝の裏側の窪み。

【ゆくりなく】　思いがけず、ということ。これは、いまでも使われている言葉です。スピーチの指名を受けた人が「ゆくりなくもご挨拶をすることとなり……」などと言うことがあります。

【何《なに》くれとなく】　あれこれすべての面で、という意味で、これも現役の言葉。「先輩には、何くれとなく相談に乗ってもらっています」のように使います。母音は「ＡＩＵＥＯＡＵ」。まるで発声練習ですね。

以上、ほんのわずかですが、響きを楽しめる大和言葉を紹介しました。日常の会話で使う大和言葉の中にも、美しい響きを持つものはたくさんあります。ときには、その「歌うような響き」を意識して発音し、会話の新たな楽しさを味わってください。

恋《こい》

万葉集の時代から日本人は大和言葉で恋を歌ってきました。どんな恋にもやさしく寄り添う響きを感じてください。

人はなぜ恋を語り、歌うのでしょう。嬉しいから。興奮しているから。でも、それだけなら、きれいな景色やいい映画を見たあとと同じ。恋が私たちを詩人にする理由の説明としては物足りません。

本当の理由は、「恋」という言葉の中にあります。

「恋」とは「恋う」こと。「恋う」は、遠くにあるもの、手に入っていないものに対して、近づきたい、得たいと願うことです。それはあくまで願いであって、獲得の満足感ではありません。

だから、私たちは「恋」という言葉に心の揺れを感じます。近づいていいのか、得ていいのか。そもそも自分は、昨日までの自分とこんなに違っていていいのか……。この揺れに戸惑い、でも逃げずに踏ん張っている人が、心を崩壊から守る方法。それが、揺れを言葉にすることなのです。

だから、恋を語る言葉はいつも真剣で、正直で、本能と理性、生命と言語の根源に迫り、人の心を打ちます。

恋を語りたいあなたは、本当の詩人なのです。

心を寄せる人

「いま、恋人はいるの？」「ううん、いない」「じゃ、好きな人は？」。よく耳にする会話ですが、この「好きな人」という言葉には、やや物足りなさを感じます。「好き」は、「みんなを好き」と言えることでもわかるように、「いい人だ」と感じているすべての対象について使える言葉だからです。いま聞きたいのはそんな話ではなく、特別に惹かれている人はいるのか、ということのはず。それならば、「心を寄せる人」「心を寄せている人」という言い方がぴったりです。

「心を寄せる」とは、文字通り、心がもともとの位置から移動して、特定の何かのそばへ行く、ということ。恋愛の対象だけでなく、スポーツのチームや趣味などについても使える言葉ですが、どの場合でも、特定のところへ近寄るのだから「みんなに心を寄せる」ことはできません。

そして、思いを語る側にしてみると、「心を寄せる人」という言葉とともに誰かを意識することは、新たなときめきを呼び起こす可能性があります。「好き」は自分の感情のひとコマですが、「心を寄せる」と言うと自分の心が大きく動いている感じがするからです。心を寄せる人は、好きな人よりも、夢に出てくる確率が高そうです。

思い初《そ》める

一目惚れを除けば、恋とは、昨日まで何

も感じていなかった相手に今日はときめきを覚える、という形で始まるもの。この心の異変、すなわち「恋心を持ち始める」ことを「思い初《そ》める」と言います。「初《そ》める」は「始める」という意味で、「書き初《ぞ》め」や「渡り初《ぞ》め」の「初め」と同じ。「以前から知っていましたが、思い初めたのは最近です」のように用います。

「一目惚れ」の場合は「見初《そ》める」。でも、こちらは、権力者が下層の者に一目惚れし、自分のものにする、というイメージを帯びているので、お勧めできません。

馴れ初《そ》め

「馴れ初め」はおなじみの言葉ですが、こうして漢字で表すと新鮮な気持ちが湧きませんか。「馴れる」とは、ある対象に心が寄ること。「馴れ初める」は、別々の道を歩んでいた二つの心が「寄り始める」ことで、その名詞形が「馴れ初め」です。

憎からず思う

恋心を表現する言葉は数多くありますが、遠回しの面白さを感じるのが「憎からず思う」です。そのまま受け取れば「憎くはない」ということになりますが、そうではなく「惹かれている」という意味。威張っているようでもあり、恥じらっているようでもあり……。ムードを持った言葉です。

相思《あいおも》い

つい最近も、通学する小学生が「あの二人は絶対、両思いだよ」と話すのを聞きました。四十年前、私たちが言っていたのとまったく同じように。相思相愛を意味する「両思い」という言葉は、子どもの会話の世界で盤石の地位を保っているようです。ただ「子どもの恋」の話でさんざん使った、そのイメージが強すぎるからか、私たちはおとなになるとこの言葉を使いません。

では、代わりに何と言うか。四字熟語の「相思相愛」はやや硬いので、結局、「あの二人は互いに好きだ」のような文の形で表現するしかありません。つまり、子ども時代よりも語彙が減ってしまった、情けない状況です。

でも、実は、大和言葉の世界にはぴったりの言葉があるのです。それが「相思い」。互いを深く思う二人の心理を表す動詞が「相思《あいおも》う」で、その名詞形が「相思い」です。恋愛だけでなく友情や仕事上の人間関係についても使える言葉。意味といい響きといい「片思い」の対義語にふさわしいのに、なぜこれまで広く使われずにいたのか不思議です。「相思いを目指します」といった形で使ってみてください。

片恋《かたこい》

同じ相思相愛でも、恋心の激しさを強調したいときには、「諸恋《もろごい》」という言葉があります。そして、「諸恋」の対義語が「片恋」。こちらはツルゲーネフの小説の題名に用いられているので、文学ファンにとっては大事な言葉です。原題はヒロインの呼び名である「アーシャ」ですが、訳者の二葉亭四迷がその内容から「片恋」としました。「諸恋」や「片恋」は、会話では使いづらくても、手紙などで、文字で示すぶんには理解してもらえる言葉です。

片恋《かたこい》づま

「片恋」から派生した言葉に「片恋づま」があります。その意味は、もうこの世にいない配偶者を思い続けている人。昔は夫と妻の両方を「つま」と呼んだので、男の場合は「片恋夫」、女の場合は「片恋妻」と書いて、読みはどちらも「かたこいづま」です。

したもい

「したもい」は「心に秘めている思い」のこと。たいていは、誰にも明かしていない恋心を指します。もともとは「下思い」で、これが縮んで「したもい」。「下心」という語には「ひそかな企み」というちょっと不純なイメージが混じりますが、「したもい」は純粋です。

契《ちぎ》りを結ぶ

性に関する事柄をどんな言葉で語るかは、いつの時代も苦労の種。私たちは、必要とされるときに性にまつわる会話をきちんとおこなうためにも、刺激的過ぎず、かつ、わかりやすくて明るいイメージの語彙を身につけようと努めています。「エッチする」という言い方も、おそらくそうした条件に合う言葉として広まったのでしょう。

ただ、「エッチ」はもともと、性への興味が湧き始め、それを露骨に表すようになった男の子たちを、女の子たちが批判するときの言葉です。語源は「変態」をローマ字で表記したときの頭文字「H」とも言われます。つまり、基本的には「どんな相手に対しても覚える性衝動」についての言葉であり、そこには、恋する人と結ばれたいという情熱が感じられません。

先祖たちが残してくれた「契りを結ぶ」という表現を、勇気を出して使ってみてください。この言葉には「約束する」という文字通りの意味もあるので、刺激的過ぎず、でも、恋愛についての話で使えばその意味するところは明らか。そして、何よりの長所は、二人の恋心が伝わることです。

逢瀬《おうせ》

「逢瀬」は、デートです。「瀬」は川などの流れのことですが、「場」「機会」という意味にもなるので、二人が逢うことのできる機会が「逢瀬」。「次の逢瀬はいつ？」といった形で使ってみてください。「逢引《あいび》き」もデートですが、こちらには二人が人目を避けて逢っている感じがあり、そのイメージがより明確なのが「忍び逢い」です。

心移り

愛情や興味が他の人に移ってしまうことを「心移り」と言います。「心変わり」もほぼ同じ意味ですが、「心移り」のほうが他の人の影をくっきりと浮かびあがらせます。

焦がれ泣き

「焦がれる」とは、ある対象を熱く思いすぎて心が焦げてしまうこと。「恋い焦がれる」「待ち焦がれる」という形でよく使われますが、「思い焦がれる」「泣き焦がれる」という言い方もあります。思い焦がれて泣くのが「焦がれ泣き」です。

大和言葉クイズ

【問い】
「恋衣《こいごろも》」とは何でしょう。
①恋する相手が着ている衣装
②恋人に会うときに身につける着物
③恋心

【答え】
恋衣とは、心から決して離れない恋の感情を身にまとう衣装に喩えた言い方。正解は③です。

交《ま》じらい

人間関係にまつわる大和言葉を紹介します。苦手な関係性であっても角の立たない言い方を身につけましょう。

UさんとSさんはどちらも三十代の女性。二年前にジムで知り合い、もう二度も二人で海外旅行に行ったそうです。その二人がたまたま私の前でこんな会話を始めました。「最初は、厚かましい女だと思った。初対面なのにべらべらしゃべるから」「え、そ

んなこと思ってたの？　ひっどい。それならこっちだって言いたいことは山ほどあるよ」。それから二人は延々と互いの第一印象についての悪口を言い合い、大笑いを繰り返しました。
　それは、本当に素晴らしい会話でした。なぜなら、そんな出会い方をした二人でも、交流を続けるうちに友情が育ち、互いの第一印象を正直に言える関係にまでなる、ということを証明していたからです。「ここまで来るのは簡単じゃないけど、この会話ができればもう大丈夫。二人は長く支え合っていく」。そう思ったら、この日を祝って記念写真を撮りたくなりました。
　人間関係は厄介で面倒。でも、こうした場面に遭遇すると、どんな小さな出会いも大切にしたい、という気持ちになります。

誼《よしみ》を結ぶ

「誼《よしみ》」は、親しく思う気持ち、という意味ですが、その気持ちから生まれる交遊も指し、「誼を結ぶ」と言えば「親しくする」ことです。あの人とは親しい、あの人とも親しくしている、という話が続くときには、どこかでこの表現を使ってみてください。

たとえば、目上の人との交流について「おかげさまで、誼を結ばせていただいています」と言えば、敬意のこもった上品な発言になります。

「誼」という言葉にはもう一つ、「○○の誼で」という用法があります。たとえば「同郷の誼で一緒に事業をやることになった」「同窓の誼で社外監査役になってくれないか」といった使い方。これは元をたどれば「同じ故郷を持つ者としての親しみに基づいて」「同じ学校を出た者としての親しみに基づいて」ということですが、実際には、同郷、同窓などの「縁《えん》があるのだから」という単純な意味で使われています。

とっつきが悪い

「とっつき」は「取り付き」が変化した言葉で、物事の先端や最初の部分のことです。人間関係の話で使われれば「第一印象」あるいは「初対面でのコミュニケーション」という意味になりますが、その場合は、たいていあとに「悪い」という語が続きます。でも、わざわざ「第一印象が悪い」と言う

のは、本当はいい人である場合。だから、「とっつきは悪いけれど、付き合えば親切な人だよ」のような使い方がほとんどです。

しっくりいかない

ある人と対立しているわけではない、けれど、物事の感じ方が一致しなかったり、話が噛み合わなかったりして、なかなか親しくなれない、という状況を言う言葉が「しっくりいかない」です。人間関係について愚痴をこぼす際には、「あの人、ちょっと変だよ」や「なんか好きになれない」ではなく、「あの人とはどうもしっくりいかない」と言いましょう。より客観的な言葉なので、解決策が見つかる可能性が高まります。

心安い間柄《あいだがら》

親しい関係を示す言葉はいろいろありますが、「遠慮なく話せる」という点に重きを置きたいときには「心安い」がぴったりです。「え、あの人と同窓？　どれくらい親しいの？」という問いに、「三年間、同じクラスですから、心安い間柄です」。そんなふうに使います。

相合《あいあ》いにする

「相合い」という言葉は知らなくても、「相合い傘」ならよくご存じですね。でも、相合い傘はラブラブの二人が一緒に傘をさすこと、あるいは、その様子を表す落書き、と思っていませんか。

「相合い」の本当の意味は「共同」もしくは「共有」です。だから、「相合い傘」は二人の人間が一本の傘を使うこと。親子でも、友達でも、二人でさせば相合い傘なのです。

「相合い」のついた言葉は傘以外にもあり、二人で一緒に入る炬燵《こたつ》は「相合い炬燵《ごたつ》」、共同で使う井戸は「相合い井戸」、共同で飼う牛は「相合い牛」と言います。

友人や趣味の仲間などとの会話で、必要な物品に関して「じゃ、言いだしっぺの○○さんが買ってよ」「え、それは……」という話になったら「相合いにしましょう」と言ってみてください。「相合い」という言葉の優しい響きが、話を丸くまとめてくれるでしょう。

お催合《もや》いで

「催合《もや》い」は、二人以上の人間で何らかのイベントや作業をおこなう、という意味。「お」をつけた「お催合い」という形で使われることも多く、「お催合いで……」という誘いは「一緒にやりましょう」ということです。

伊豆諸島、新島の名物「モヤイ像」は、渋谷駅の前にも立っているため、東京の人にも広く知られていますが、イースター島のモアイ像と混同している人が多いようです。もちろん、その形状はモアイ像を手本にしていますが、名前はこの「催合い」にも因むものです。

手を携《たずさ》える

「携える」は、移動の際に荷物などを携行することですが、「手を携える」となると、二人以上の人間が手を取り合って進む、という意味。それも、実際に数人が移動する、という話ではなく、たいていは、ある目標に向かってみんなで頑張る、という文脈で使われます。「手を携えて進もう」という呼びかけは、平等な社会への憧れを漂わせます。

心を同じくする

「心を同じくする」には、とても気が合う、という単純な意味もありますが、たいていは、集団や社会のありかたについて、二人以上の人が同じ理想を描いている、という場合に用います。「私たちは会社の将来について心を同じくする者です」といった形。「心を同じゅうする」とも言います。

敷居が高い

友人や知人、親戚などに世話になった、あるいは迷惑をかけたのに、十分な礼や詫びをしていない。それが心苦しくて家を訪問しづらい、という心境を「敷居が高い」と言います。「敷居」は玄関の戸が乗る台。以前は楽に跨いで通っていたのに、心苦しさのせいで足が上らず、敷居が高く感じる、という面白い慣用句です。

ところが、最近はこの言葉を、レストランなどが高級すぎて入りづらい、というときに使う人が増えています。これはおそらく、「敷居が高い」という慣用句の中に「心苦しさ」を示唆する文言がまったくないこと、その発音が「格式が高い」という言い方に似ていることから生まれた誤用で、無理もない気がします。遠からず、こちらも正しい用法と言われるようになるでしょう。

ただ、本来の意味での使われ方が消えてしまうのは困ります。心苦しく感じている相手と出会ったり、連絡をとることになったりしたら、「敷居が高くて伺えずにいます。ごめんなさい」と素直に謝りましょう。

とりなす

「とりなす」は、仲裁する、という意味です。仲の良かった二人が衝突し、人間関係にひびが入りそうなとき、第三者が間に入って仲直りさせること。名詞形は「とりなし」

です。「あの二人、もう三日も口を利いていない。ここまできたら、誰かのとりなしが必要だよ」のように使います。

とりもつ

「とりもつ」は、「とりなす」と似ていますが、両者が仲違いをしていない場合にも使います。すなわち、まだ出会っていない二人を引き合わせたり、互いに関心を持たない二人を近づけたりして、良好な関係を作ること。名詞形は「とりもち」です。「とりなし」が「仲裁」であるのに対し、こちらは「仲介」です。

折り合う

両者の主張が対立したとき、互いに譲り合って穏やかに話をまとめることを「折り合う」と言います。「妥協する」という言い方は、主張を貫けなかったという負のイメージをまとっていますが、「私たちは折り合った」と言えば、立派なおとなの対応をした、という感じ。名詞形の「折り合い」を使って、「今月中には折り合いをつけましょう」「彼女はどんな人とも折り合いがいい」といった表現も可能です。

装《よそお》い

相手の服装や出で立ちについて直接的な物言いは避けたいもの。やわらげた表現を用いてエレガントな対応を。

Eさんは、私がときおり訪れる企業に勤めている五十代の女性。でも、言葉を交わしたことがない、という状態が長く続いていました。他のすべての職員とは親しくなったのですが、机が一番奥で口数の少ないEさんとは会話の機会がありません。そ

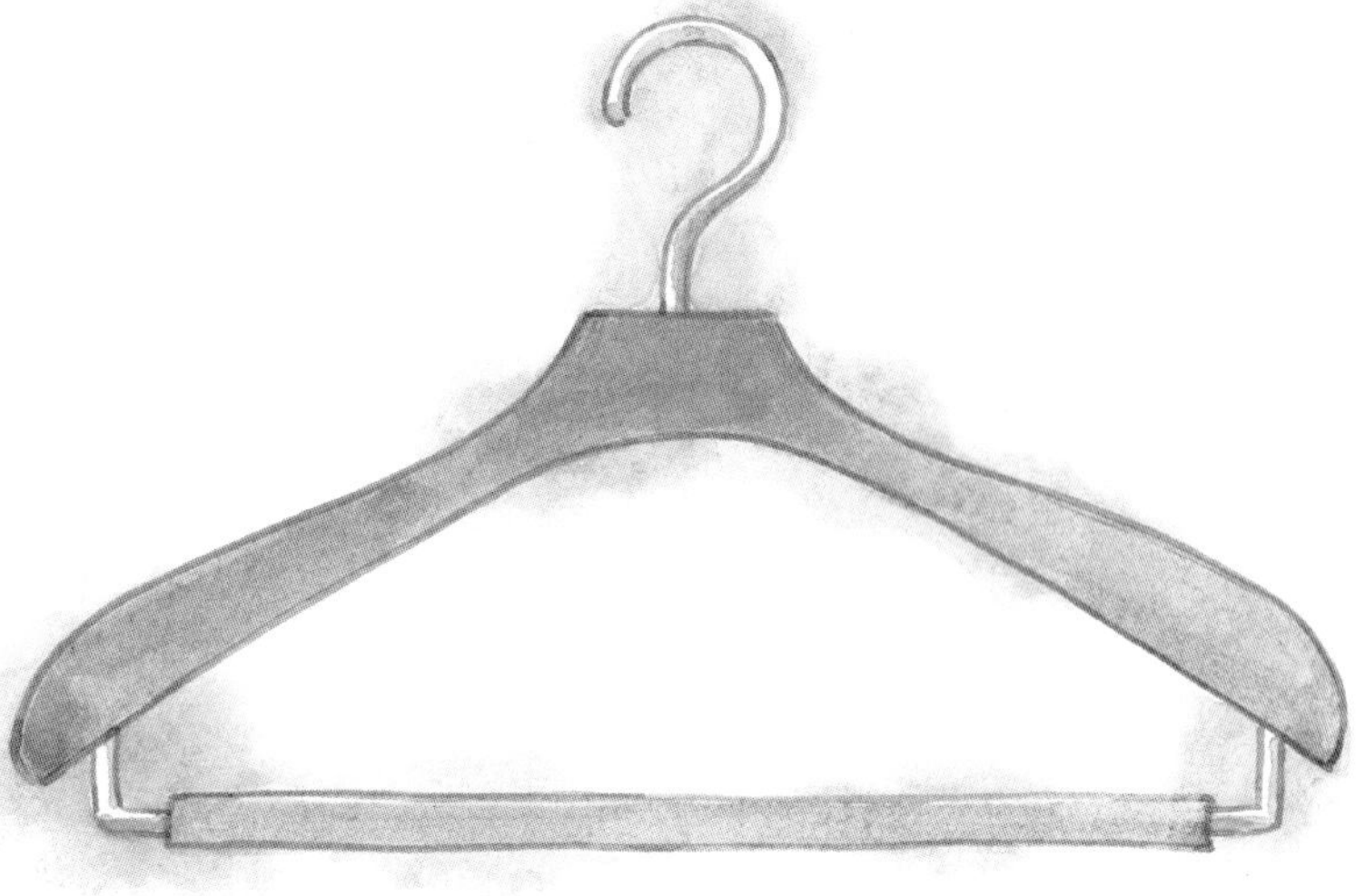

れを意識するうちに、意味のない緊張すら覚えるようになっていました。
「あ、今日は話せる」と思ったのは雪の日です。Ｅさんは赤いコートを着て現れ、その姿がいつもより華やかで美しかったのです。何か声をかけよう。でも、嫌みやセクハラに聞こえたら元も子もない……。考えた末、口にした言葉は「赤、お似合いですね」。すると彼女は「いえ、派手でしょ」と言いながらも笑顔を見せてくれました。
とても嬉しかったのですが反省もしました。本当はいつだってこうした会話ができるはずだからです。すべての人は毎日装い、その装いで触れ合いのきっかけを与えてくれています。装いについて上手に語る言葉を身につけられれば、人との交流の契機はぐんと増えるはずです。

目もあや

「ど派手」という言い方は、「派手すぎてみっともない」という批判の思いを込めた言葉だと思っていたのですが、最近は、自分たちの服装について「来週のパーティーは、ど派手に行こうよ」などと言う若い人が少なくありません。どうやら悪いイメージが薄れてきているようです。それなら、ほぼ同じ意味を持ち、より激しく、かつ美しい伝統的な言い方があるので、そちらも使ってみてください。「目もあや」です。

「目もあや」は、「あや」の部分が「綾」や「彩」という字を連想させるので、美しい模様が目に映る、という意味だと思っている人が多いようですが、それは間違い。この「あや」は「怪しい」の「あや」です。つまり、衣装や飾りなどがとてもきらびやかなため、目の機能が怪しくなって、まともに見ることができない、それほど派手で美しい……。それが「目もあや」。大げさなとらえ方がユーモアを醸します。「目もあやな衣装で臨む」「目もあやに着飾っていた」のように用います。

着映《きば》えがする

「着映え」とは、衣服の美しさに関する言葉で、「人が身につけた状態で衣服が美しく見えること」です。たとえば、店内に吊られているのを見たときにはそれほど魅力を感じなかったのに、試着してみたらとて

も素敵だった、というときに「この服、着映えがするね」と言います。また、「あなたが着ると、どんな服も着映えがするね」と言えば、その人の着こなしへの最高の褒め言葉です。

垢抜《あかぬ》けている

身なりが粋《いき》で洗練されていることを「垢抜けている」と言います。多くの人が持つ「野暮ったさ」を誰の体にもある「垢」と見なし、これが完全に取れた状態を言う言葉。修飾語になる場合は「垢抜けした身なり」「垢抜けのした身なり」のどちらも正しい使い方です。否定する言い方も「垢抜けしない」「垢抜けのしない」の両方が使われ、意味は同じです。

こざっぱり

「垢抜けている」という言い方は、あくまで洗練の度合いに関する表現で、清潔さについての言及ではありません。それに対して「派手さはないけれど清潔」な感じを言う言葉が「こざっぱり」。「彼はいつもこざっぱりした服装をしている」のように用います。

お召し替え

ホテルで、従業員が「お着替えは、どうぞこちらで」と言って客を案内していました。間違いではありませんが、より丁重で美しいのは「お召し替えは、どうぞこちらで」です。「お着替え」はただ丁寧に言っているだけですが、「お召し替え」は尊敬語。客や目上の人への敬意を表すことができます。同様に、客の衣服は「お着物」より「お召し物」、客が衣服を着る動作は「着られる」よりも「お召しになる」が丁重な表現。「着てください」と頼む場合は「お召しください」が適当です。

「召す」は、身につける、身に取り入れる、という意味を持つさまざまな動詞の尊敬語として使われる言葉で、「召しあがる」の場合は「食べる」の尊敬語、「風邪を召す」の場合は「引く」の尊敬語、切腹するという意味の「お腹を召す」の場合は「切る」の尊敬語です。歌謡曲などで「花を召しませ」という詩句が使われることがありますが、これは「花をお買いください」ということ。ここでは、「召す」は「買う」の尊敬語です。

誂《あつら》え

衣服などを注文して作ってもらうことを「誂《あつら》える」と言います。その名詞形が「誂え」で、いわゆる「オーダーメード」のこと。「お誂え向き」という言葉は、もっぱら偶然の展開について「ラッキーだ」と感じるときに使われるので「偶然うまくいくこと」だと思ってしまいがちですが、本来は衣服などが「注文通りにできていること」。それが「理想的」という意味になり、ラッキーな場面で使われているのです。

出来合い

客の誂えではなく、衣服が初めから完成した状態で売られる場合、その服のことを「出来合い」と言います。いわゆる既製服、「レディメード」です。

さら

「さら」は、衣服などが未使用で、まったく汚れていない状態であること。「さらの背広をいただいた」「さらの浴衣を着る」のように用います。

頭に「ま」をつけた「まっさら」も意味は同じですが、「まっさらな着物」のように形容動詞として使います。「さら」の逆は「着古し」。長く着用したせいで美しさが失われた状態や、そうなってしまった衣服のことです。

口紅を差す

「口紅を塗る」「ルージュを塗る」。もうすっかりあたりまえの言い方になってしまいましたが、伝統的な言い方では、口紅は「差す」あるいは「引く」ものです。「差す」「引く」という言葉が想起するのは「点」や「線」ですから、細やかで繊細な手の動きが目に浮かびますが、「塗る」で連想されるのは「面」としての唇。化粧が塀のペンキ塗りの仲間になってしまいます。頬紅も「差す」が本来の言い方。「塗る」ものではありません。

では、昔の人はどうやって紅を差していたか、というと、自分の指を使っていました。昔はリップスティックなどの道具がなかったので、女性たちは容器の紅をいったん指先につけ、それを唇に移すのです。その際、人差し指のような、ふだんよく使っている指を用いると、指の汚れが紅に移る可能性もある。そこで、ふだんは使わない薬指を「化粧のための指」と決めていました。だから、薬指は「紅差《べにさ》し指」とも言います。薬指で化粧をする女性の姿は、多くの画家がモチーフにしていますが、どの作品にも独特の色気があります。

眉根《まゆね》

通販番組の司会者が、化粧品に関する説明の中で「眉の内側の端」という言葉を使っていました。そう言いながら指差しているのは、眉間《みけん》に近いほうの端。だったら「眉根」の一言で用が足ります。眉毛は、顔の中心から外側へ、という向きで伸びているもの。だから、顔の中心の側の端が「根」なのです。「眉の根」「まよね」とも言います。

眉尻《まゆじり》

眉根とは逆側の端、耳に近い側の端は「眉尻」です。この「尻」は「終わりの部分」という意味。眉根から外側へ外側へと伸びている眉毛の、終わりの部分が眉尻です。

眉に手を加え、自分の好む形にすることは、「眉作り」と言います。

おめかし

「おめかし」は、おしゃれをすること。特に、ふだんよりも派手なメークや身なりをすることです。「ふだんより派手」という評価を含む言葉なので、目上の人には「おめかしをしていますね」と言えませんが、気の置けない相手に対して使えば、楽しい会話のきっかけになります。たとえば、幼い女の子が化粧を施してもらっていたら、「おめかしして、どこへお出かけ?」と聞いてあげましょう。

住《す》まい

家や部屋についての大和言葉を集めました。日常的な事柄も、大和言葉で表現されるとまた違った趣を感じられるでしょう。

「住まい」は動詞「住まう」の名詞形で「住居」は当て字です。「住まう」は、「住む」に継続を表す助動詞「ふ」がついて生まれた言葉で「住み続ける」こと。「住まい」が「住居《じゅうきょ》」や「住宅」よりも安らいだ雰囲気を持つのはそのせいでしょう。

住居《じゅうきょ》は、人間がその生命を雨風から守る

ために築く砦ですが、私たち日本人の心の奥には、その砦も大地や自然から「分けてもらっている」感覚があるように思います。

数年前、ジョギングの途中で小さな地鎮祭を見ました。空き地だった場所で神官が祝詞をあげ、夫婦とおぼしき男女と二人の子どもがじっと頭を垂れています。雅楽が神官の足元のラジカセから流れているのはご愛嬌でしたが、周囲が日常の風景であるだけに、狭い空間に満ちた祈りの心は美しく感じられ、日本人が柱や床にも愛情を抱く理由がよくわかりました。「住まい」は「安らぎをいただく」場所なのです。

いま、その地には立派な家が一軒。その前を走るたびに「あの家族はどんなふうに暮らしているかな」と思ってしまいます。

門口《かどぐち》で

「門口」は「門《もん》のあたり」を指す大和言葉です。門扉《もんぴ》のある家の住人と小用で訪れた人が、門扉を挟んで会話、あるいは門扉を開いて物を受け渡し、用事を終える、というのはよくあること。でも、この位置をどう言うかはけっこう難しく、「門前で」は不正確だし「門のところで」は締まりに欠けます。「門口」を使えば、「門口で立ち話をした」「門口で荷物を受け取った」のようにさらりと表現できるので、ぜひ使ってみてください。

「かど」は、門《もん》を意味する大和言葉です。おそらく、道の曲り目をさす「角《かど》」と発音が同じで間違いやすいからでしょう。敷地の入口については漢語の「門《もん》」を使う習慣が定着し、「かど」が単独で使われるのは、「笑う門には福来たる」ということわざの中くらい。でも、正月に門前に立てるのは「門松《かどまつ》」。志を抱いて家を出るのは「門出《かどで》」です。「笑う門には……」のことわざが示すように、「かど」は家や家族を意味することもあります。

上《あ》がり口《ぐち》

来訪者が門を通過して家の入口まで行った場合は、どう表現しますか。「玄関で挨拶した」「玄関で書類を渡した」のように「玄関」という言葉を使うのがふつうですが、そこが日本家屋で、戸の内側に入った

場合には「上がり口」という言葉がぴったりです。靴を脱ぐところが上がり口。「上がり口でお中元を渡した」と言えば、聞き手の瞼に情景が浮かびます。

引《ひ》き戸《ど》

「引き戸」は、横にスライドさせて開閉するタイプの戸です。若い世代では、これをあけることもシンプルに「ドアをあけて……」と言う人が増えていますが、それでは少なくとも聞き手の半分が、蝶番《ちょうつがい》のついた、前後に開く戸をイメージしてしまいます。ぜひ、「引き戸」という単語をボキャブラリーに加えてください。

扉

蝶番のついた戸は、大和言葉では「扉」あるいは「開《ひら》き戸」です。かつては「ドア」という単語がその意味を担っていたのですが、最近は引き戸タイプの「自動ドア」が多いので、もうその使い分けは無理。「引き戸」、「扉」で区別しましょう。「扉」は、「戸の片《ひら》」という意味。「片」とは、「薄くて平らな形状の物」のことです。「花びら」「札びら」「ひとひらの雲」などの「ひら」。扉も、こうしたひらひらする物の仲間だと思うと、ちょっとかわいらしく見えますね。

湯船《ゆぶね》

日本人の入浴好きは有名ですが、大昔から現在のような入り方をしていたわけではありません。室町時代まではもっぱら蒸し風呂。江戸時代の前期、水を大量に用いることができるようになって、湯を張って体を浸す、現在の入浴法が定着しました。そして、この「体を浸すために湯を張った容器」につけられた名が「湯船」。温かい湯に体を浸したときの、何ともいえない心地よさが伝わってくる、素晴らしいネーミングです。

ところが、最近は「風呂」「バスタブ」「浴槽」などに押され気味で、この言葉をあまり聞きません。「風呂に入って気持ちよかった」「バスタブでうとうとしちゃった」と話す機会があったら、「湯船につかって気持ちよかった」「湯船でうとうとしちゃった」と言ってみてください。目の前で柔らかに波打つ湯の様子まで聞き手に伝わります。

入浴は「湯浴《ゆあ》み」、浴室は「湯殿《ゆどの》」。こうした大和言葉も、漢語にはない心地よい響きを持っています。会話で使う機会はなかなかありませんが、心に留め置き、入浴中に意識するだけでも、凝りをほぐしてくれそうです。

厨《くりや》

「厨」という言葉を知っていますか。厨房《ちゅうぼう》、

台所のことです。「くり」は「黒」とほぼ同じ意味で、調理の煙や熱のせいで壁や天井が黒くなった部屋が「くりや」と呼ばれるようになったと言われています。そして、そこで働く人、すなわち、調理を担当する人は「厨人《くりやびと》」。料理の腕に自信があれば、友人を招いてご馳走するときに「今日は厨人に徹します」と言ってみてください。「料理係になります」よりも、おいしいものが出てきそう、という雰囲気が高まります。

厠《かわや》

「厠」は、便所、トイレのことです。便所を指す言葉は、手洗い、雪隠《せっちん》、御不浄《ごふじょう》、WCなど数々ありますが、この「厠」や「はばかり」もその仲間。「手水《ちょうず》」も同じですが、手水は元の意味である「手を洗うための水」や、手を洗う場所を指すこともあります。

厠、はばかり、手水はどれも古めかしい言葉ですが、その古さのせいで、聞き手が便所そのものを意識せず、面白い言葉を使ったことに関心を寄せてくれる、という効用があります。宴席を中座してトイレに行くとき、たまに「どこへ？」と聞く無粋な人がいますが、そんなときには「ちょっと厠へ」と答えて笑いを誘えば、嫌な気分にならずに済みます。

床《とこ》をとる

「床をとる」は、寝るための準備を整える、という意味。「床を延《の》べる」とも言います。具体的には布団を敷くことですが、そうした具体的な作業に言及していないぶん、粋で洗練された感じのする表現です。また、布団という言葉を使っていないので、現代においては「ベッドを整える」という意味でも使えます。客が泊まっていくことになったら、「客間にお布団を敷きましたので……」ではなく「客間にお床をとりましたので……」と伝えてください。同じ布団がより美しく、心地よいものに変わります。

「床につく」は、寝ること。布団の上に横たわることです。日々の就寝も、病気のせいで寝ることも「床につく」。だから、夜分にかかってきた電話の相手に「○○は床についています」と言うのは構いませんが、昼寝について同じことを言うと「お加減が悪いのですか」と聞かれる可能性があります。起床し、布団を仕舞うのは「床を上げる」。これもしばしば「病気が治る」という意味で使われます。「床を払う」「床をたたむ」も同じです。

寝間《ねま》

「寝室」を指す大和言葉は「寝間」あるいは「寝屋《ねや》」です。居間が寝室を兼ねている場合、寝る準備をしたうえで本やテレビを楽しむことを「寝室でくつろぐ」とは言いづらいものですが、「寝間でくつろぐ」は自然な表現。使ってみてください。そこで身に着けている「ねまき」については、その語源を「寝間で着る着物」とする説があります。もう一つの説は「寝るときに体に巻く衣」と考えるもの。漢字表記も「寝間着」「寝巻」の両方がありますね。

大和言葉クイズ

【問い】
布団の中に入っている「真《ま》綿《わた》」とはどんなものでしょう。

①木綿の一種
②絹の一種
③毛織物の一種

【答え】

「わた」という言葉のもともとの意味は、布団や衣服の「詰め物」。そして室町時代まで、そうした「わた」はもっぱら蚕の繭から作られるものでした。これが「真綿」。つまり正解は②番です。戦国時代以降、木綿が本格的に生産されるようになると、「わた」という言葉は木綿から作られるものを指すようになり、やがて木綿を収穫する植物の名も「わた」になりました。そのせいで「真綿」を木綿の一種と思っている人が多いのですが、実は絹の一種。多くの場合、生糸の生産に向かない屑《くず》繭《まゆ》から作られます。

味《あじ》わい

和の食文化を表すには、やはり日本固有の言葉がしっくりくるものです。料理～食事のシーンで生かせる大和言葉を紹介します。

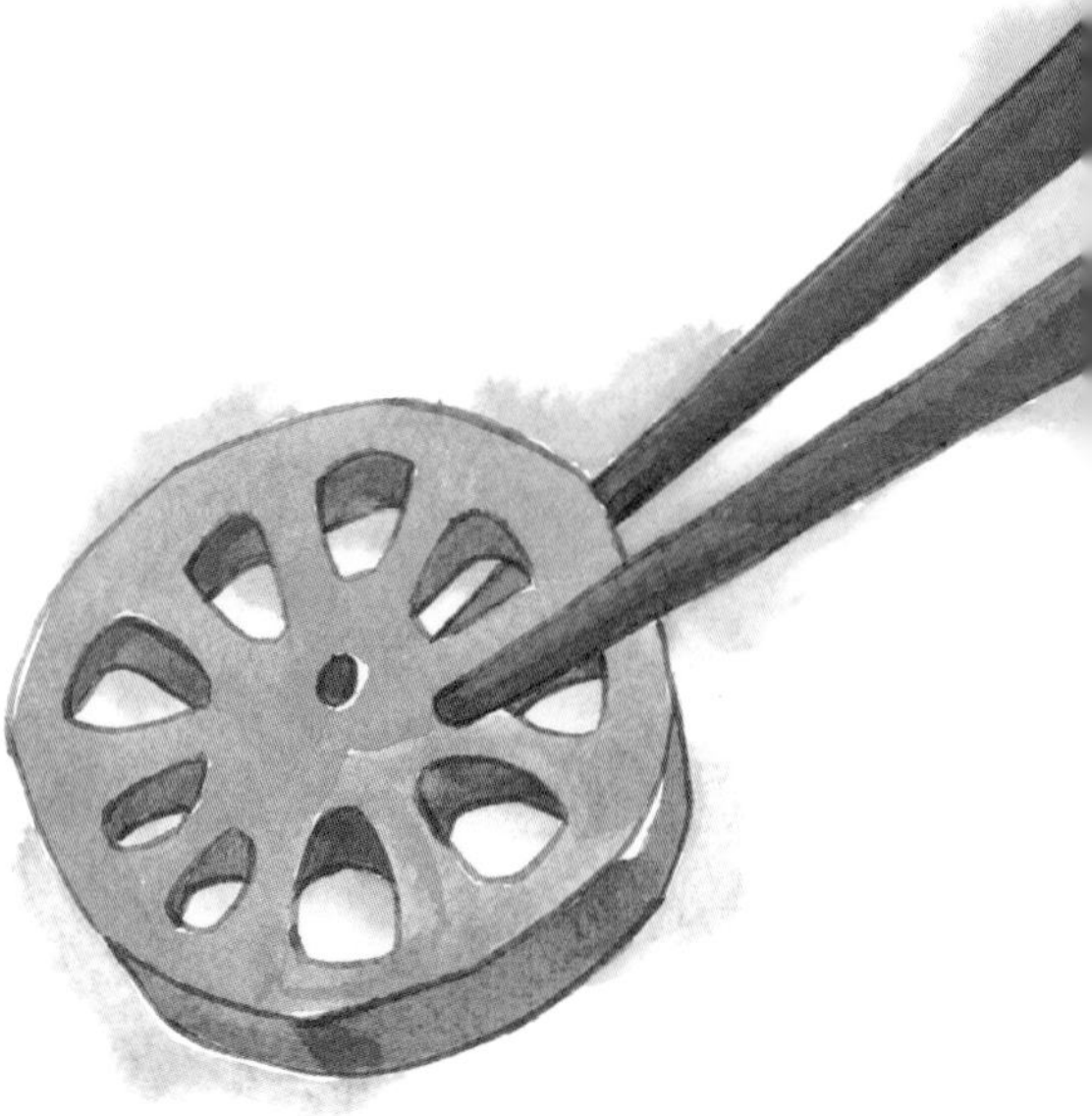

最近は、食材や料理を比較して格付けをする企画が大はやりで、そこでは「絶品」「極上」といった言葉が踊っていますが、私たちが日々の食生活で大切にしたいのは「味わい」という言葉。「味わい」を意識すると、「甘さでは劣っても、また別の味わいがある」のように、一つ一つの食べ物の「特別

なところ」を愉しめるからです。

食べ物の「特別なところ」に興味を持つようになったのは高校一年のときです。ある夜、好物の「茗荷の握り寿司」を食べてとても幸せな気分になった私は、「茗荷って、ほかの食べ物と違う味だね」と言い、「当たりまえだ」と家族に笑われました。

悔しかったので、布団に入ってからも、茗荷のどこが特別かを考えましたがわかりません。やはり好物である蕪も「特別」の仲間に加えて分析しましたが同じこと。結局、辿り着いた真実は、実は、生姜も広島菜も蜜柑も林檎も鮭も豚肉も……。食物はすべて特別な味わいを持っている、ということです。だから、家族への抗弁は諦めましたが、気がつくと布団の中で至福に包まれていました。忘れられない夜です。

下《した》ごしらえ

珍しい野菜が入荷したらしく、スーパーの店員が客に調理法を教えていました。若いのに堂に入った話しぶりでしたが「下処理は……」という言葉だけが気になりました。文字で表す場合にはそれでいいのですが、会話の中では、「処理」という語はあまり美しく響きません。「下ごしらえ」という大和言葉のほうが「おいしいものを作ろう」という意欲を湧かせるはずです。

「下ごしらえ」の「下」は「下見」や「下調べ」の場合と同じで「前もって」という意味。「下ごしらえ」は、主たる調理の作業の前におこなっておく処理のことです。握り寿司で言えば、本格的にこしらえる作業は「握る」こと。その前に、必要に応じて材料を湯に通したり、酢でしめたりしておくことが「下ごしらえ」に当たります。

「下ごしらえ」の中でも、特に、前もってゆでたり、煮たり、漬けたりすることに注目した言葉が、「下《した》ゆで」「下煮《したに》」「下漬け《したづ》」。「下味《したあじ》をつける」は、焼く、炒めるといった調理をおこなう前の生の材料に、調味料で味をつけることです。

腕によりをかける

料理好きのあなたが張り切ってご馳走を作るときには、「一生懸命」や「気合いを入れる」よりも「腕によりをかける」が似合います。ふるまう相手へのメールや手紙

には「腕によりをかけて作るから楽しみに来て」と書きましょう。「よりをかける」とは、数本の糸をねじり合わせて一本の強い糸を作ること。それぐらいの剛腕になる、という面白い表現です。

とろ火

「とろ火」は私の好きな言葉です。煮物などを長く煮るときのごく弱い火加減のこと。小さな炎が揺れる様子を表す「とろとろ」から生まれた言葉ですが、「とろとろ」は液体についても使われる表現なので、鍋の中で静かに揺れる具材のイメージも重なり、調和のとれた穏やかな世界が浮かびあがります。

煮《に》炊《た》き

夏の盛りにテレビのキャスターが「この時季は外食がいいですね。家で火を使う料理をする気になりません」と言っていました。「火を使う料理」はまさに核心をつく言葉ですが、やや理屈っぽい感じ。「火を使う」ことを強調したいのなら日本人が昔から使ってきた「煮炊き」という言葉がぴったりです。たった一言で情景が浮かびます。

上置《うわお》き

最近はラーメン屋でもケーキ屋でも「トッピングはどうしますか」と聞かれます。完成した食べ物の上に置く具を「トッピング」と呼ぶ習慣はすっかり定着したようですが、そうは言っても本格的な和食を作る場で「トッピングは何にしましょう」と言ったら「和」の雰囲気が台無しです。ご飯、そば、うどん、雑煮などの上に肉や魚や野菜を載せる場合は、「上置き」という言葉を使ってください。ご飯やそばのような主食の上に肉や野菜のような副食物を載せること、またそうした副食物が「上置き」です。

いっぽう、味噌汁や吸い物、潮煮《うしおに》といった汁物を出すときには、それぞれの椀に分けたあとで、細かく刻んだねぎや、おろした生姜、山葵《わさび》、柚子《ゆず》の皮、練《ね》り辛子《がらし》などを少しだけ乗せることがありますが、これは「吸い口」と言います。基本的にはよい香りを添えるためのものですが、見た目の美しさも大いに増します。この言葉を意識して汁を飲むと、椀を口へ運んだ瞬間にまずその香りが嗅覚を刺激し、幸せな気分になるから不思議です。

木《き》の芽《め》

「木の芽」は山椒の芽や若葉のことです。「吸い口」としてもよく用いられますが、これを「山椒」と呼んでしまうとちょっと興ざ

め。せっかくなら、春の麗《うら》らかさと植物の生命力、自然の営みの豊かさまで感じさせてくれる「木の芽」という大和言葉を使いましょう。これをすりまぜた味噌で作る和《あ》え物は「木の芽和え」、焼き魚などに振りかけると「木の芽焼き」です。

はじかみ

焼き魚の横に、甘酢に漬けて淡い桃色になった新生姜が添えられていることがありますね。あの生姜には「はじかみ」という特別の呼び名があります。「はじかみ」という言葉は、古くは山椒を指し、のちに生姜も同じ名で呼ばれるようになったと言われていますが、いまはほとんど使われず、なぜか付け合わせの生姜にだけこの名が残りました。風情と伝統を持つこの言葉を絶やさないためにも、あの生姜は「はじかみ」と呼びましょう。

煮《に》凝《こご》り

居酒屋のメニューに「鮫《さめ》のゼリー」という文字。注文して出てきたのは「煮凝り」でした。「煮凝り」は、鮫や河豚《ふぐ》などゼラチン質を多く含む魚の身を煮汁ごと固めた料理で、確かにゼリー状ですが、熱燗とともに味わうときには「煮凝り」と呼びたいものです。「こごり」とは「冷えて固まったもの」のこと。「煮寄せ」とも言います。

足が強い

噛みごたえのあるパンや白飯などの食感を「モチモチしている」と表現する人がぐんと増えた気がします。共感できる部分もありますが、餅を食べた知人が「モチモチしている」と言ったときには戸惑いました。私はギャグだと思って笑ったのですが、なんだか変な空気になってしまいました。

粘り気のある物には「足が強い」という慣用句も使ってみてください。「足」は餅などの粘り具合を表す言葉で「この餅、足が強いね」と言えば、よく粘って切れにくいこと。「足が弱い」はその逆です。また、天ぷらなどの衣に関しては、さくっと揚がらずに粘り気が生まれてしまう状況を「足が出る」と言います。「小麦粉を混ぜすぎたせいで、少し足が出た」のように用います。

いっぽう、蒲鉾や竹輪など、いわゆる練り物について「足が強い」と言えば、弾力があること。歯を弾き返す性質を言う言葉となり、餅や天ぷらの「足」とは少し意味が違ってくるので注意が必要です。

もう一つ。「足が早い」は食品や料理の腐り方が早いこと、長持ちしないことです。

くどくない

カロリーは誰しも気になるところですが、お菓子を食べた人が「甘さ控えめでおいしいですね」と言う場面が多くて気になります。本来「甘さ」は私たちの脳に快感をも

たらす味覚で、伝統的にも「甘い」と「うまい」は双子の言葉のように用いられてきたからです。甘い物を褒めるときには「甘さ」を肯定するのが基本。そのうえで「くどくない」という言葉を足しましょう。「甘くておいしい！　それに、甘さが少しもくどくないね」といった言い方です。

得《え》も言われぬおいしさ

最近は一般人でも食べた料理についてのコメントを求められ、「とてもおいしいです」だけだと失望されてしまう、妙な風潮があります。でも、おいしければおいしいほど的確な表現を見つけるのは難しいもの。そんなときは「得も言われぬおいしさです」と言いましょう。「得も」は「得も○○ない」の形で「どうしても○○できない」という意味の文を作る副詞。「得も言われぬおいしさ」は「とても言葉では表現できないおいしさ」です。

余さずいただく

レストランで若いお母さんが子どもに「もうちょっとだから完食しようよ」と言っていました。「完食」は最近よく聞く言葉ですが、食べ物を大事にする、という精神に照らせば「全部食べる」のが基本。あえて「完」をつけて称《たた》えるのは変な話です。「余さずいただきましょう」あるいは「残さずいただきなさい」と言ってあげてください。

眺《なが》め

美しい景色と出会ったとき、親しい人に感動を伝えたくなります。旅先で絵葉書にしたためたくなるような大和言葉を紹介します。

「眺め」は、動詞「眺める」から生まれた言葉。だから、ほぼ同じ意味の「風景」「景色」と違い、それを見ている人の姿もほのかに浮かびます。

　山の展望台に、そこからの展望を撮ったパノラマ写真が張られていることがありま

すが、それを見て「いったいどこがどこなんだ」「別の場所の写真か？」と戸惑ったことはありませんか。もちろんそれは誤りで、一つ一つの山や沢を捜せば確かにある……けれど、どう見ても違う風景なのです。
　ずっと不思議に感じていましたが、最近は、この違和感は私たちの心のなせるわざなのだ、と思っています。展望台まで歩いてきた私たちが向き合っているのは、木々がざわめき鳥が飛び立つ、生きた山。私たちの頭がどんな分析や解釈をおこなおうと、心は、これを「生きているもの同士の対面」ととらえ、山の発するすべてを全身全霊で受けとめている。だから、いくら写真を見ても見えないものが、いまは見えている……。そう思うと、山々がいっそう美しく、いとおしく見えます。

名にし負う

旅行先から「有名な○○を見ました」「天下の名勝、○○に来ています」といった葉書が届くと、旅の喜びを分けてもらったようで嬉しいものです。そんな中で特に感心したのは、数年前に友人がくれた一枚。冒頭が「名にし負う安芸の宮島に来ています」という文でした。「名にし負う」は「有名な」という意味の古い言葉で、和歌に関する話などで誰でも一度は聞いたことのある語句ですが、日常会話では使われません。そうした風雅な言葉をあえて使うことで、いまの自分はふだんと違う情緒と興奮を胸に旅をしている、ということを伝える、巧みな書き出しでした。

「名にし負う」の「名」は、多くの人に知られている名称のことで、「し」は強調のために添えられた助詞。「負う」は「背負う」の「負う」で、持っている、担っているという意味です。したがって、「名にし負う安芸の宮島」は、「誰もが知る『安芸の宮島』という名前を担う……その安芸の宮島」ということ。結果として「有名な安芸の宮島」と同義になるわけですが、いわば土地を擬人化することで生まれる独特の味わいは、この言葉ならではです。

海辺

海の見える風景を語るとき、「海岸」という言葉ばかり使っていませんか。「海岸」

は陸と海が接するあたりを広く指すので使いやすい言葉ですが、聞く側はイメージが浮かびません。同じ海岸でも、海の側に視線を送っているなら「海辺」、陸の側を見ているなら「岸辺」。岸が平らなら「浜辺」、そこが砂地なら「砂浜」です。岩がごつごつしている岸は「磯」。波と浜が触れ合うあたりに注目するなら「渚」。渚の景色をズームアップして、行ったり来たりする波がはっきり見えるなら「波打ち際」という言葉がぴったり。使い分けてみてください。

凪《な》ぐ

強い風のせいで海が「荒れる」という表現は誰でも使いますが、その逆は何でしょう。「無風で静か」でも間違いではありませんが、大和言葉には「凪《な》ぐ」という言い方があります。風が止《や》んで波が立たなくなる、という意味の動詞が「凪ぐ」。そうした静かな状態が「凪《なぎ》」です。「風がなく、海は凪いでいました」のように用います。

舫《もや》う

「舫う」は、船を岸の杭などにつなぐこと。「ボートが一艘、舫ってあった」のように使います。「係留する」とほぼ同じ意味ですが、そこは昔からの大和言葉。「舫う」を使うと、船が静かに揺らぐ様子まで目に浮かびます。

山あいの里

テレビの情報番組で、視聴者から送られてきた風景写真を紹介していました。その一つにつけられたコメントは「○○郡の山間部の集落です。まるで『日本昔話』の世界でしょう?」。確かにそう感じさせる、のどかな雰囲気を伝えるいい写真でしたが、それだけに「山間部の集落」という硬い表現が不似合いでした。経済活動や防災の話ならそれでいいのですが、昔話の世界には「山あいの里」あるいは「山里」のほうが合います。「山あい」とは、山と山の間。つまり「山間部」です。

ただ、ややこしいのは、「山あい」の漢字表記が「山間」であること。だから漢字で書くと「さんかん」と読まれてしまう可能性が大です。意味は同じですが、それだと書き手の頭の中で響いている「やまあい」という柔らかな音が伝わりません。だから、私は「あい」の部分をひらがなで書くことにしています。

「山」を冠する大和言葉は、ほかにも、山脈という意味の「山並み」、山麓を意味する「山すそ」、林道を意味する「山路《やまじ》」など、美しい言葉ばかり。ぜひ使ってみてください。

山の端《は》

「山の端」は、山の稜線のことです。すなわち、遠くに見えている山々の上側の輪郭線。山が空と接する線です。「稜線」もきれいな言葉ですが、「山の端」という語が呼び起こす視覚的イメージはとても鮮やか。特に「山の端に日が沈む」のように、太陽、月、雲などとの関係を語るときに用いると、美しい文章になります。

似た言い方に「山際《やまぎわ》」がありますが、これは空についての言葉。山と接しているあたりの空のことです。「枕草子」の冒頭の文、「春はあけぼの。ようよう白くなりゆく山際……」は有名ですね。徐々に白くなっているのは、あくまで空です。

杣山《そまやま》

山里の景色について友人と話したとき「杉を植林した山が……」と何度も言っていたら「それは杉の杣山と言うんだ」と教えてくれました。以来、得意になってこの言葉を使っています。「杣山」は、材木にするための木を植えた山のこと。「杣」だけでも同じ意味です。日本に多くあるのは、杉、檜《ひのき》などの杣山です。

峰々《みねみね》

「峰々」は、連なって見えるいくつもの山のこと。「はるかな峰々を見渡し……」のように使うと、眺めている景色の広さ、雄大さが伝わります。

きざはし

「きざはし」は、漢字で書くなら「階」の一字。意味は「階段」と同じです。ふだんの会話で使ったら「何を気取ってんの？」と笑われますが、京都から出す絵葉書なら「○○寺の石のきざはしに千年の歴史を感じました」という一文は、「かっこいい！」という称賛の的になるはずです。

「きざはし」は、動詞「刻む」の「きざ」と「橋」が合わさった言葉。ただしこの「橋」は、「川に架かる橋」という狭い意味が定着する前、「二か所をつなぐもの」という広い意味を持っていた頃の「橋」です。つまり、「二か所をつなぐ、ぎざぎざの刻まれた道」が「きざはし」、すなわち階段。そう言われればその通りですね。「きざはし」「かけはし」「はしご」は、「二か所をつなぐ道」という意味の「橋」から生まれた、いわば兄弟の言葉です。

「きざはし」という言葉を知り、好きになったのは、中学校の国語の授業で、明治期の歌人である落合直文の「山寺の石のきざはし下《お》りくれば　椿《つばき》こぼれぬ右にひだりに」という短歌を習ったときから。美しく、またわかりやすい歌なので、この歌とともに「きざはし」という語を覚えている人は多いかもしれません。

甍《いらか》の波

高台から古都の家々を見渡した感想を語

る際には、「美しく並ぶ屋根」というふつうの言い方ではやや物足りない感じがしませんか。もうちょっと優雅な言葉で伝えたいと思ったら、「甍の波」という表現を使ってみてください。「甍」は屋根の背、あるいは屋根瓦のことで、「甍の波」は連なる屋根を海の波に喩えた美しい慣用句です。唱歌「鯉のぼり」の出だしは「甍の波と雲の波」でしたね。

迫《せ》り持ち

私たちが日ごろ「アーチ」と呼ぶ弧状の石積みは、力学的に優れた構造であるだけでなく、見た目にも美しいもの。このアーチを意味する大和言葉が「迫り持ち」です。アーチは、石や煉瓦などの部材を迫り合わせてその圧縮強度で荷重を支える仕組み。「迫り持ち」は本質を突いた言葉と言えます。門や橋などの話の中で用いればちゃんと通じるので、使ってみてください。

入《い》り相《あい》の鐘

夕暮れ時にゴーンと美しい響き。そちらを見ると、大きな梵鐘とそれを撞《つ》くお坊さんのシルエットがくっきり浮かんでいた……。そんな情景を語るときには、夜の暗さを感じさせる「晩鐘」よりも、夕焼け空が目に浮かぶ「入り相の鐘」という言葉が似合います。「入り相」は「日が沈む頃」という意味です。

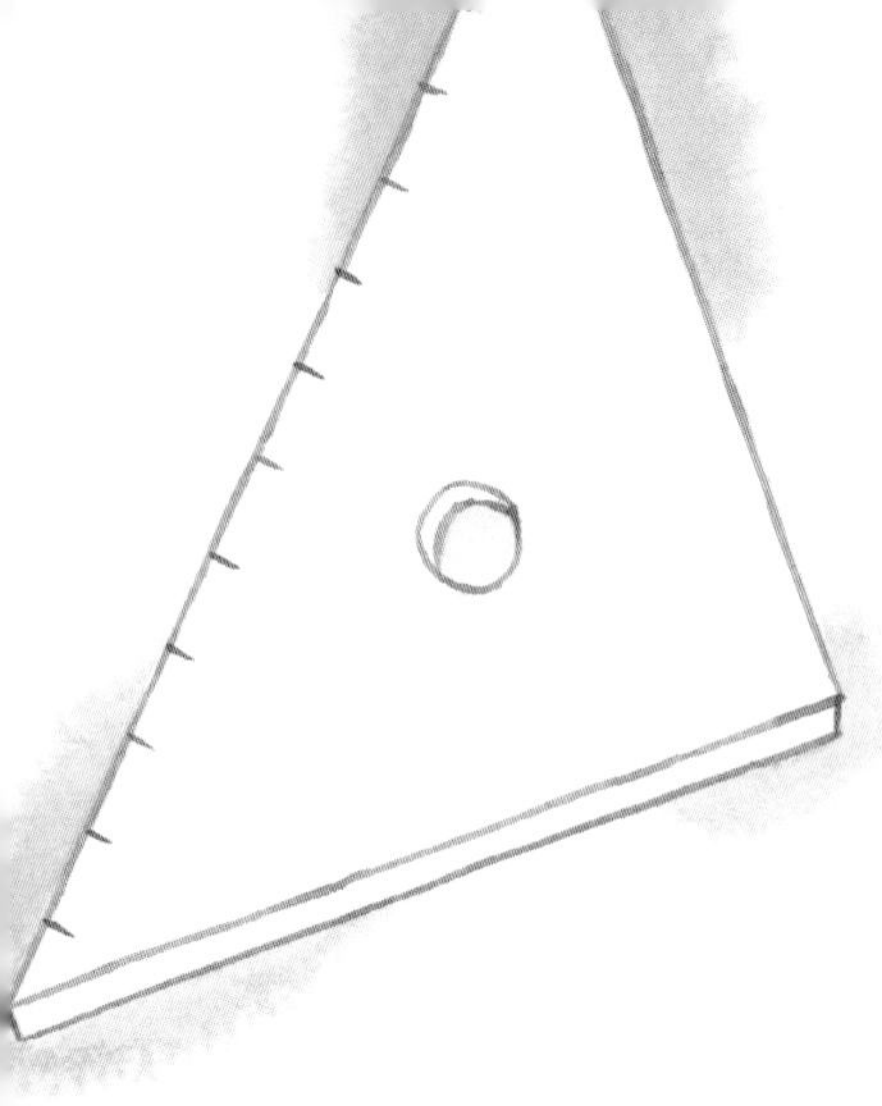

学《まな》び

学校の勉強にまつわる大和言葉です。寺子屋にタイムスリップしたようにも思えますが、生活の中で応用できるフレーズを中心に集めました。

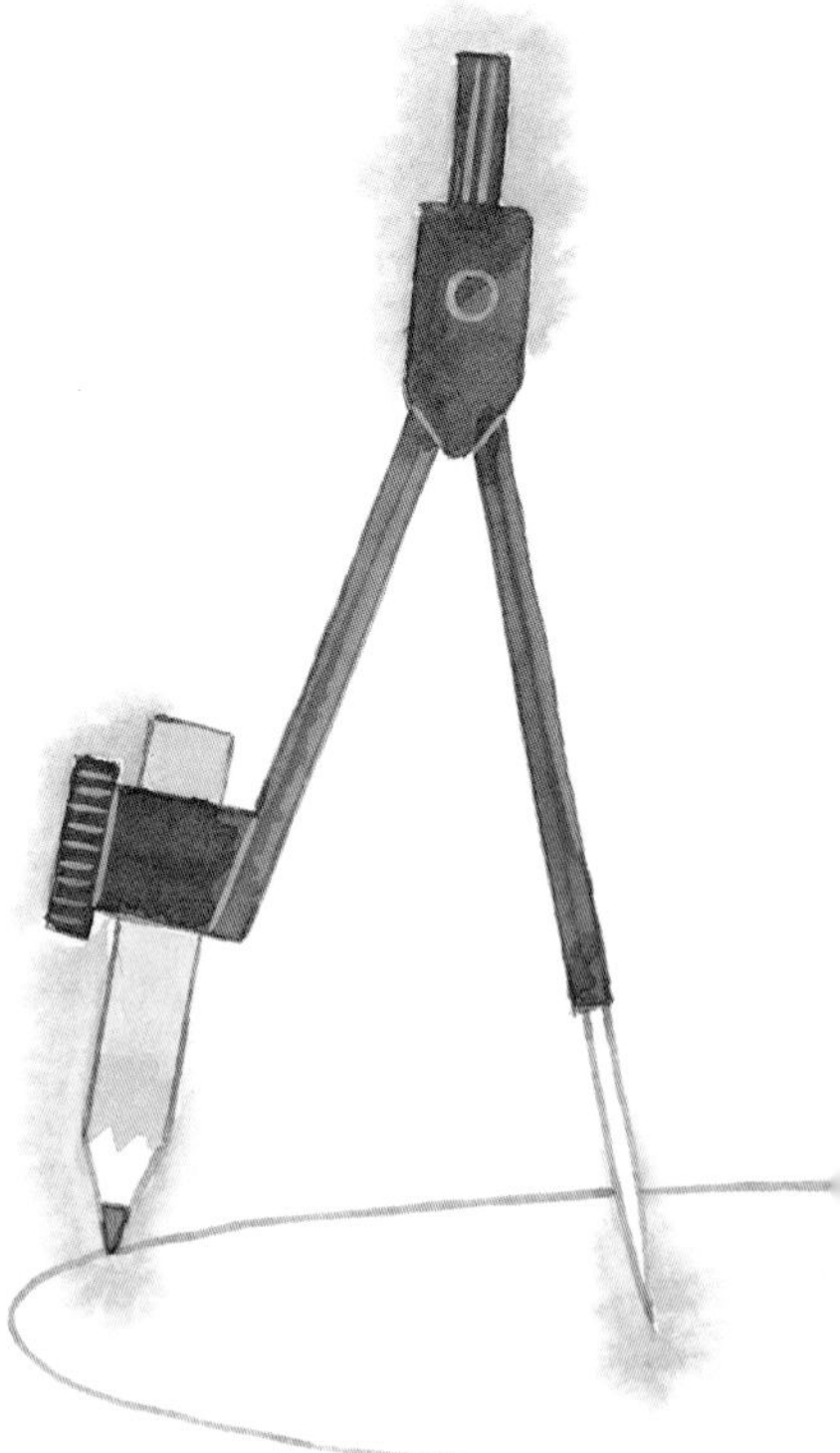

「学ぶ」は「まねる」から生まれた動詞と言われていますが、少なくとも私たちにとっては「まねる」にはない重みと深みを感じる言葉です。

「名詞の頭が母音かどうかを考えて、アとアンのどちらをつけるか決めるの？　絶対5秒はかかるよ」。中学一年の英語の時間、私がそう呻くと、長く英語塾に通っている隣席のYさんは笑って「そのうち早くなるよ」。でも、信じられませんでした。

　ところが、二週間後、会話の自主練習の最中に、Yさんが卵の絵をさして「ホワッツ　ディス？」と聞くので、私はとっさに「イッツ　アン　エッグ」。「ほら、いま自然にできたでしょ」と言われた私は、自分が一番驚いてしまい、「う、うん……」としか言えませんでした。

「学び」の不思議なところは、いわば「お客さん」として頭に入れた知識や技術が、いつのまにか「自分の能力」になることです。その変化の瞬間をイメージすれば、「学び」は「変身」なのです。

　今日も子ども達が次々に変身している、と思うと、いままで何気なく見ていた近所の学校がまぶしく思えますね。

そらんじる

「百人一首は全部暗記している」、「落語の『寿限無、寿限無……』なら最後まで暗唱できる」。私たちは、そんなふうに自分の特技を自慢しますが、この「暗記する」や「暗唱できる」を「そらんじる」という軽やかな大和言葉に置きかえれば、自慢の中身以上に相手を感心させることができるかもしれません。「百人一首は全部そらんじている」「『寿限無、寿限無……』なら最後までそらんじている」といった言い方です。「そらんじる」という言葉自体に「できる」という意味が含まれているので、「そらんじられる」とは言いません。

「そらんじる」の「そら」は、文などを口頭で発表するに際して、メモや台本のような頼るものがない状態のこと。「そらで○○する」という言い方もあり、「そらで家族の誕生日を言える」と言えば、メモを見ずに言えること。「そらで演奏する」は、楽譜を見ずに演奏することです。語源辞典によると、言葉のルーツは雲の浮かぶ「空」と同じ。でも高低アクセントは逆で、暗記の「そら」は「ら」のほうを高く発音します。

綴《つづ》る

作文をすることを「綴る」と言います。元の意味は糸などを「つなぎ合わせる」ことなので、「書く」と比べ、より丁寧に作文をしているイメージを表現できる言い

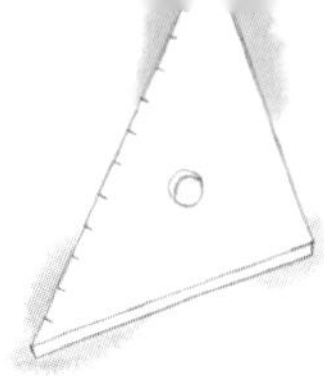

方。「思い出を綴る」「悲しみを綴る」のように、心情を述べる作文について用いると、ほのかな詩情が漂います。「したためる」も、文書について使えば「書く」ことですが、こちらは、いずれ誰かが読むことを思いながら「書き記す」という感じ。大事な手紙などに似合う言葉です。

下読み

予習、復習が大事であることはわかりますが、「あいうえお」から学ぶ小学一年生に、「予習」「復習」という抽象的な言葉でその大切さを教えるのは無理があります。予習に関しては、教科書などを「あらかじめ読んでおく」という意味の「下読み」のほうが、子どもの心にスムーズに届くはず。教わる内容について「あらかじめ調べておく」という意味の「下調べ」もわかりやすい言葉です。

おさらい

復習は「おさらい」です。「さらう」は、一度ではなく繰り返し勉強や練習をおこなうことですが、もともとは、池の泥などをすくって除く、あの「さらう」。池を何度もさらってきれいにするように、わからない部分という「泥」が完全になくなるまで何度もノートを読み直すのが「おさらい」です。

戦場《いくさば》

古《こ》戦場《せんじょう》と呼ばれる地は全国にあり、石碑や説明板がその歴史を伝えていますが、この「古戦場」という語の響きに引きずられるせいか、訪れる児童や引率の先生の多くが、文中の「戦場」を「せんじょう」と読んでいるようです。もちろんそれも正しい読み方ですが、私たちにとって「戦場」は二十世紀以降の戦争の残酷さを思い起こさせる言葉。近代以前の戦い、特に銃器がまだ使われず、弓矢と刀で戦った地は「戦《いくさ》場《ば》」と呼ぶほうがしっくりきます。「ここは、古《いにしえ》より、たびたび戦場《いくさば》となってきたところです」と言えば、聞く人の心は自ずと古代、中世へ旅立ちます。

そこで戦った兵について話すときも、特に力を込めて語りたいところでは「武士《もののふ》」や「兵《つわもの》」という言葉に置きかえると、趣がぐっと増します。芭蕉の有名な「夏草や兵《つわもの》どもが夢の跡」も、源義経らが討たれた奥州高舘《たかだち》の古戦場で、昔を偲んで詠んだ一句です。

旗揚《はたあ》げ

日本史を彩る多くの合戦について語る際、教科書などで使われる用語より深い情趣を放つ大和言葉は少なくありません。たとえば「旗揚げ」。「挙兵」という意味ですが、武将が戦《いくさ》に向かうことを兵たちに宣言し、自軍のシンボルとなる旗を掲げる様子が目に浮かぶ言葉です。

旗色《はたいろ》

自軍のシンボルとして掲げた旗は、勢いよく攻めているときと苦戦しているときで、なびき方が違います。そのさまを表す言葉が「旗色」。つまり戦いの「形勢」を意味します。勝ち進んでいれば「旗色が良い」。「旗色が悪い」は劣勢です。

殿《しんがり》

「殿《しんがり》」は「列の最後」のことです。「後ろを駆ける」という意味の「しりがり」が変化した言葉で、退却する軍列の一番後ろで敵の追撃に備える大事な役割。その役を果たすことを「殿を務める」と言います。現代においては、芸などを順に披露するときの、最後の一人が「殿」と呼ばれます。

勲《いさお》

「勲」とは、武勲や功績。「勲を立てる」は、立派な功績を残すことです。「新田義貞は鎌倉攻めで勲を立て……」のように用います。

雛形《ひながた》

小学校の算数の授業で、子ども達が厚紙を折ってピラミッドを作り、幾何学上の性質を調べている様子を見たことがあります。先生はそれをピラミッドの「模型」と呼んでいましたが、あまりにも素朴な出来ばえなので少し違和感がありました。

こういうときには、「雛形」という言葉がぴったりです。基本的には「模型」と同じ意味ですが、「模型」が持つ精巧、精緻というイメージはありません。「雛」は「小さい」という意味。実物より小さく作られている、という点に注目した呼び方なので、素朴な工作についても使えます。

「雛」という言葉の語源は、幼い鳥の「ヒーヒー」という鳴き声だと言われています。ここから幼い鳥を「雛」と呼ぶようになり、やがて鳥以外の小さなものにも「雛」という語を用いるようになりました。罌粟《けし》に似た小さな花が「雛罌粟《ひなげし》」、人に似せて作った小さなもの、すなわち人形も「雛」です。平安貴族の子女は一年じゅう「雛遊び」をしており、そのような「雛」を、特に盛大に飾ったり川に流したりする三月三日の祭りが「雛祭り」です。

かさ

直方体の体積の求め方をすらすら言える子どもが、「では、かさを計算して」と言われた途端、ぽかんとした顔になったの

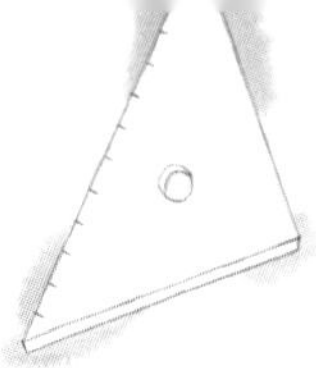

には苦笑しました。「かさ」は物の量、体積という意味です。算数の授業には「体積」が似合いますが、「かさ」という言葉を知っていれば、水量という意味の「水かさ」、体積が増すという意味の「かさばる」、量を増やすという意味の「かさあげ」など、多くの言葉がすんなり頭に入ります。語感を養うためにも、子ども達にしっかり教えておきたい言葉です。

いびつ

「いびつ」は、いまでは「ゆがんでいる」という意味ですが、語源はご飯を入れる容器「飯櫃《いいびつ》」です。その形が長円だったので、「長円形」を「いびつ」と呼ぶようになり、円と比べるとゆがんでいる、ということから現在の意味が生まれました。

大和言葉クイズ

【問い】
「ぶんまわし」とは何でしょう。
①分度器
②コンパス
③三角定規

【答え】
「ぶんまわし」という言葉は、「振り回し」もしくは「筆回し」が変化したものと言われています。筆を回して描くのは円。正解は②です。

遊《あそ》び

趣味や娯楽の場で生まれた言葉は、しばしば人生模様を語る際にも使われます。人生について粋な語り口を見つけてみませんか。

「子ども時代、どんな遊びをしていた?」。同年代が集う宴席ではよく出る話題ですが、情けないことに五十を過ぎたころからは「忘れたなあ」という声ばかり。でも、先日は違いました。一人が「そういえば、いつも地面に足で線を引いていたなあ」

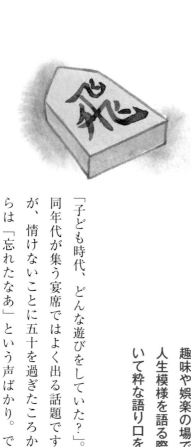

と言ったからです。その言葉を聞いた瞬間、全員の目がみるみる輝きだし、缶けり、だるまさんがころんだ、三角ベース、さらには地方色あふれる珍妙な遊びの名がいくつも飛び出して、みんな大騒ぎ。「僕は、必ず右足で線を引いた」「私は、真ん丸の円をかくことにかけては名人だった」、そんな思い出を語る顔はとても誇らしげでした。

帰り道に思ったのは、遊ぶという行為の奥の深さです。私たちは興奮を求めて遊びますが、それを生み出すまでの過程もけっこう楽しんでいて、歳月を経て心の財産になるのは、実はそちらなのかもしれません。最近は、完成された装置や設備を利用する遊びが多くなりましたが、遊びは太古の昔からおこなわれてきた大切な文化。効率を求めず、たっぷり楽しみたいものです。

振り出し

サイコロを振り、出た目のぶんだけ駒を進める双六《すごろく》遊び。最近は、その出発点に「スタート」と記されている盤を見かけます。そのほうがわかりやすいのかもしれませんが、伝統的には、双六の出発点は「振り出し」。サイコロをまず「振り出す」ところ、という意味です。外交や商取引などで、それまで積み重ねてきた合意が崩れ、初めから交渉をやり直すことを「振り出しに戻る」と言いますが、これは双六遊びから生まれた言葉。多くの双六盤では、駒が進むマスのいくつかに「振り出しに戻る」と記されていて、誰かの駒がそこに止まると、その人がどれほど進んで来ていようと、最初からやり直さなければなりません。それは、この遊びが最も盛り上がる瞬間の一つです。

出発点が「スタート」の双六盤では、終着点に「ゴール」とありますが、こちらの伝統的な呼び名は「あがり」です。これは、建築や工芸作品などが「しあがる」「できあがる」と言うときの「あがる」の名詞形。「やるべきことをすべてやり終えたので、もう終了」という意味です。

のるかそるか

遊びや勝負事においては、運を天に任せて大きな賭けに出ることがあり、そうした場面では「一か八《ばち》か」という言葉がよく聞かれますが、大和言葉には「のるかそるか」

という表現があります。意味は同じ「成功か失敗か」ですが、動詞が並んでいるため、いい運命の流れに自分が「乗る」か「逸れる」か、身を躍らせてエイヤと飛び込む迫力が感じられる言葉です。「のる」「そる」については「運が伸びる」「逆方向に反る」と考える説もあります。

お手合わせを願います

碁、将棋など、対戦型の遊びを楽しむ人々が、戦ってみたいと思う相手に対して昔から使ってきたのが「ぜひ一度、お手合わせを願います」という言葉です。「一《ひと》勝負しましょう」でも同じことですが、実力がまったく違う可能性もあるのに「勝負」という言葉を口にするのは少し気がはやっている感じ。「お手合わせを願う」のほうが穏やかでゆとりのある印象を与えます。

読みを誤る

碁や将棋では、勝負がどのように展開するかを精緻に考察することが大切。これを「読み」と言います。「予想が外れる」ことは「読みを誤る」。「推量が十分」なら「読みが深い」。「読み」は「予想」と「推量」を合わせた広い意味を持つ言葉なので、碁、将棋の話をするときにはとても重宝です。

筋がいい

私の友人は、二十年前、陶芸講座の初日に師匠から「筋がいい」と言われたことを誇りとして、いまも焼き物を作り続けています。「筋がいい」は「素質がある」という意味ですが、「筋」という言葉は目に見える身のこなしや手の使い方なども連想させるので、言われた側は自分の体に備わった能力を発見してもらった気分。「素質がある」と言われるよりも嬉しく、大きな自信を抱くことができます。

ただし、語源をたどると、この「筋」は「血筋」から来ているようです。古来、日本にはさまざまな技芸ごとに、特別な地位を与えられてその技術や伝統を継承する家があり、ある人がそうした家の血筋を引いていることを「筋がいい」と言いました。その言葉が、時代が下るにつれ、そうした家系の人と同じくらいの素質や才能を持つ一般の人についても使われるようになった、と考えられます。「手筋がいい」「筋目がいい」といった言い方も用いられますが、意味は同じです。

玄人《くろうと》裸足《はだし》

「彼女、絵が得意なんだって?」「得意なんてもんじゃない。プロ級だよ」。そんな会話で「プロ級」の代わりに使ってほしいのが「玄人裸足」。玄人すなわちプロが、素人の見せる見事なパフォーマンスを前にい

たたまれなくなり、履き物をはく間も惜しんで裸足で逃げる……。そんな想像をしてしまうほど素晴らしい、素人の芸達者ぶりや腕前を表す言葉が「玄人裸足」です。
なんと面白い言葉でしょう。さらりと口にするだけで小粋な日本語文化の香りが漂います。

手だれ

優れた技を持っていること、またその人を「手だれ」と言い、「あの人はなかなかの手だれだ」のように用います。「腕利き」も同じ意味です。「名人」や「達人」も味のある言葉ですが、「手だれ」や「腕利き」は「手」「腕」という語を含むぶん、手による技が素晴らしい、というイメージが伝わります。

ほんの手《て》慰《なぐさ》みで

それなりに自信を持っている趣味の絵や工芸などについて「うまいんだってね」と言われたら、何と答えますか。謙遜は大事ですが「いえ、下手《へた》です」と言ってせっかくの評判を落とすのも愚か。私のお勧めは「いえ、ほんの手慰みで」あるいは「いえ、下手の横好きで」という言葉です。洗練された返答が、むしろ技量の高さを想像させます。

触《さわ》りを一節《ひとふし》

カラオケのおかげで、私たちは膨大な数の歌と出会うことができますが、そのぶん、うろ覚えの歌も増えました。だから会話の中で、ある曲の「一番盛り上がる部分」を歌って、と頼んだり、自分が歌って教えたりすることもしばしば。そんな場面で、若い世代の人々は、その旋律を「サビ」と呼ぶことが多いようですが、まだ新語で、広く認知された言葉とは言えません。語源もはっきりせず、発音は金属の「錆《さび》」や「寂しさ」を連想させるので、特に中高年にとってはイメージがつかみづらい言葉です。

私のお勧めは「触りを一節」という言い方です。「触り」は、心の琴線に触れるものという意味で、歌、詩、小説などの最も感動的な部分。「節《ふし》」は、竹の節のように起伏がある音、つまりメロディー。どちらもイメージが浮かぶ言葉です。まれに「触り」を曲の冒頭だと思っている人がいますが、面白いもので、「触りを」を強めに言うと、この誤解はほとんど起きません。

節回《ふしまわ》し

「節《ふし》」だけでもメロディーという意味ですが、それが音のうねりであることを強調する言い方が「節回し」です。歌唱指導で「メロディーを大切に」と言われるよりも、「節回しを大切に」と言われたほうが、音の上がり下がりをより丁寧に表現しようと思う

人は多いはずです。

聞かせる

「聞かせる」という言葉には、「子に童謡を聞かせる」といったふつうの用法とは別に、「彼女のブルースは聞かせるよ」のような使い方があります。この「聞かせる」は、ある人の歌や話などがとても上手であるため、どんな聴衆の耳も引きつけ、思わず聞くようにさせる、という意味。人を主語にした「彼女はなかなか聞かせるよ」という言い方も可能です。「表現がとても魅力的」ということを一語で言い表す言葉です。

声色《こわいろ》

コンパや宴会で喝采をもらう方法の一つは、有名人の話し方などを上手にまねること。このとき、顔や動きもまねるなら、「○○さんの物まねをします」でいいのですが、声と話しぶりだけを似せるときに「物まねを……」と言うと、ビジュアルの面白さも期待させ、結果的に失望させる可能性があります。「では、○○さんの声色を」と言って演じ、大きな拍手をもらってください。「声色」の本来の意味は「声の様子」ですが、もっぱら「有名人の声や口調のまね」という意味で使われます。

そぞろ歩《ある》き

そぞろ歩きとは、ぶらぶらと歩くこと。散歩の楽しみや、そこで目にした街角の風景について話すときに役立つ言葉を集めました。

「ウォーキングが日課です」と言う人が増えています。とても良いことですが、一つ残念なのは、「ぶらぶら歩いています」「散歩をしています」と言っていたころと比べ、歩き終えたあとのおしゃべりが歩数とダイエットの話に偏りがちなこと。もちろんそれも大事ですが、もう一つ、忘れてはならない楽しみがあるはず。それは、「あの店の壁、動物の模様が刻まれているんだ」、「あのマンションの二階、あんなに花が飾られている！」といった小さな感動です。

どんな建物や庭にもそれぞれの良さがあり、視線を上げれば、画家が「これを表現できたら」と懸命に描く街路樹の緑や夕焼けの朱が広がっています。日ごろ通勤や買い物で急ぐ道も、散歩ではアートギャラリーになるのです。

見慣れた町を歩く中で喜びを得ることは、平凡な人生の中でもいくらでも喜びは得られる、という自信と幸福感を獲得することでもあります。大いに歩いて感動を語り合いましょう。

足の赴《おもむ》くままに

ふだんの「歩く」という行為は「時間内に目的の場所まで行く」という課題を成し遂げるための、いわば仕事。散歩とは、そうした縛りから解放されて、好きな方向に好きなペースで歩く、つまり歩くことを純粋に楽しむ、贅沢な時間の過ごし方です。

では、どう話せばその気分がうまく伝わるでしょう。よく耳にする「当てもなく歩き回る」という言い方は、字義的には確かにその通りなのですが、聞くたびに違和感を覚えます。「当てもなく」は「さまよう」とともに使われることが多いので、どこへ行ったらよいかわからない、という悲壮感が漂ってしまうためでしょう。

お勧めは「足の赴くままに」、あるいは「足の向くままに」という言葉です。「毎朝、足の赴くままに30分ほど近所を歩いています」と言えば、自由な時間を楽しんでいる幸福感が聞き手に伝わります。「足に任せて」「足任せに」も同じ意味。「風に任せて」は、風に流される雲や帆掛け船に自らを喩えた言い方で、意味するところは同じですが、ちょっと気取った表現です。

道すがら

散歩は、思案や思索の場にもなります。たとえば、子どもの進路といった大事な問題についても、散歩中の思案でいい考えが浮かぶ可能性は大いにありますが、帰宅し

て「散歩の途中で考えたんだけど……」と言ったのでは、いかにも軽い感じ。「散歩の道すがら考えたんだけど……」と言えば、真剣に考えたことが伝わります。「道すがら」には「途中」だけでなく、「道を歩く間じゅう」という意味もあるからです。

橋涼《はしすず》み

夏の散歩では、橋に差しかかるのが楽しみ。橋の左右は建物がないため、風がよく通るからです。そこで、しばらくは橋の上で涼風を楽しむ、ということになるわけですが、この「橋の上で涼むこと」を「橋涼み」と言います。納涼に関する言葉は、このほかにも水辺で涼む「川涼み」、樹木の下で涼む「下涼み」などいろいろ。日本の夏は昔から暑かったのですね。

大和言葉クイズ

【問い】
橋にとって大事な「おばしま」とは何でしょう。

①親柱
②欄干
③橋脚

【答え】
「おばしま」の語源は、貴人の居室を示す「御座所《ござしょ》」という意味の「座間《おはしま》」と言われています。御座所の象徴は、その渡り廊下などにある立派な欄干。そこから橋の欄干もおばしまと呼ばれるようになりました。答えは②です。

辻《つじ》

道と道が交わるところはすべて「交差点」なのですが、日ごろカーナビやラジオの道路交通情報でこの言葉と接している私たちは、「交差点」と聞くと、車道と車道が交わる、信号機のある地点を思ってしまいます。そこで困るのが、あまり車の通らない、細い道どうしが交わる地点について言うとき。「信号機のない小さな交差点」といった言葉で表現する人が多いようですが、そんな苦労をせずとも、「辻」という大和言葉があります。

「辻」は「道が交わるところ」で、意味は「交差点」と同じ。でも、この言葉が私たちの脳裏に呼び起こすのは、機械文明が発達していなかったころの、車のない風景なので、細い裏道などが交わる場所について話すときは「三つめの辻を右に曲がって……」といった言葉がよく似合います。

「辻」は「つむじ」が変化した言葉。頭のてっぺんにある、あのつむじです。辞典によると、周囲から線状のものが集まってきているところを指す言葉だったようで、なるほど、つむじには周囲の髪の毛、辻には周囲の道が、集まってきていますね。

袋小路《ふくろこうじ》

市街地などで、ある道を進んでも最後は行き止まり。あるいはぐるりと回って元の場所に戻ってしまう、という形状のところ

を「袋小路」と言います。近年はそのすべてを「行き止まり」と呼ぶ人が増えていますが、「行き止まり」と聞いて浮かぶのは、道の終点にある塀や柵。回って戻る場合も含めた全体を言うには「袋小路」が最適です。「小路《こうじ》」は、町中《まちなか》にある細い道のことで、「こみち」が変化した言葉です。町の中心の広い道が「大路《おおじ》」。その対義語として意識された結果、「小路《こうじ》」という表記と発音が生まれたと考えられます。「広小路《ひろこうじ》」は、矛盾を含んだ言葉ですが、「小路」が拡張されたときにそう呼ぶしかなかったのでしょう。現在では「大通り」と同じ意味です。

葛《つづら》折《お》り

急な坂は人や馬の通行が大変なので、先人たちはその坂道を右へ左へと転回させ、距離を伸ばすことで勾配を緩める、という知恵を働かせました。そうして生まれた「くねくねした坂」が「葛折り」。「葛」とは、つる性の植物のことで、坂の様子をつるの曲がり方に喩えた呼び名です。

道標《みちしるべ》

最近では、散歩コースを設定してその案内を各所に置いてくれている市区町村が少なくありませんが、その案内を「標識」や「看板」と言ってしまうとドライブをしているよう。「道標に従って」と言えば風情が生まれます。

しもたや

「○○の隣って何屋さんだっけ」などと聞かれて、そこが民家であることを教えたいときには、どう言っていますか。もちろん「店ではなく、ふつうの民家です」でもいいのですが、聞いたのが中高年の人ならば「○○の隣はしもたやです」と言えば、その言葉の響きを喜び、懐かしんでくれるはずです。

「しもたや」は、商売をしていないふつうの住宅のことで、特に商店街の中の民家についてよく使われる言葉です。語源は、商売をやめた店という意味の「仕舞《しも》うた屋《や》」。それが縮まって「しもたや」になりました。

最近は、店を閉鎖することを「閉店する」「店を閉じる」と言う場合が多いようですが、「店を仕舞《しま》う」も同じ意味です。ただ、これらはどれも「その日の営業を終える」という意味にもなるので、誤解が生じやすいのが欠点。その心配がないのは「店を畳む」という言い方で、これなら「閉鎖」以外の意味はありません。閉鎖した店について「あの店、営業していた？」と聞かれた場合は、「あそこはもう店を畳んだよ」が最も堅実な回答です。

盛《さか》り場《ば》

商店街の中でも、特に食堂、酒場、娯楽施設などが並び、いつも大勢の人で賑わっているところを「盛り場」と言います。「繁

華街」もほぼ同じ意味ですが、「盛り場」は、そこに集う人々の興奮も感じさせてくれる言葉。夜になるとますます賑わうところには「盛り場」が似合います。

人だかり

「人だかり」は、通行人などが群がっていること。つまり「群衆」ですが、十人程度の人についても使えるので便利な言葉です。落とした菓子などに蟻が集まることを「蟻がたかる」と言いますが、この「たかる」は「多くのものが集まる」という意味。「人がたかっている」状態が「人だかり」というわけです。「人だかりがしている。何だろう」といった形で用います。

人《ひと》いきれ

大勢の人の中に身を置くと、人々の発する熱のせいで、まるでサウナに入ったような気分になることがありますが、そうした熱さと、そこに漂う匂いを合わせて「人いきれ」と言います。「人々の熱気」と言うと「情熱」のことだと誤解される可能性が高いので、あのむんむんした空気について話したいときは「人いきれがすごくて、気分が悪くなった」のように言いましょう。「いきれ」とは、高い湿度を伴う熱気や匂い。夏の野原で感じるのは「草《くさ》いきれ」、畑で感じるのは「土《つち》いきれ」です。

あめつち

「あめ」は「天」、「つち」は「地」。「あめつち」は宇宙を指す言葉です。天候や天文、地学の世界にも大和言葉は息づいています。

古代の人々がうらやましくなるのは、その世界観に思いを馳せるときです。

本来、空と地面を指す「あめつち」という言葉が「全宇宙」も意味したのは、当時は見渡す限り空と大地であり、「地球」という概念が存在しなかったから。つまり、

古代の人々にとっては、「自分たちを取り巻く世界」という根源的概念が、「あめ」「つち」という、目に見え、手で触れられるイメージと一致していたのです。なんと清々しい世界でしょう。

彼らはこの「あめつち」を敬い、でも恐れず、たとえば平安貴族の少女は、年の初めに「あめつちの袋」という小さな袋を作り、そこに入ったたくさんの幸せが逃げないようにと願いながら、天と地、すなわち袋の上と下の両方を縫ったと言います。

全宇宙を意味する「あめつち」という言葉と、それを名に持つ小さな袋と、そこに幸せを詰める少女……。人間が自然ととてもいい関係を結んでいたことを示す光景だと思いませんか。

日和《ひより》

「日和」は天気と同じ意味ですが、「天気」が「天気予報」「天気図」といった科学的な言葉の中で多く使われ、やや硬い響きを帯びるようになったのに対し、日和は昔もいまも日ざしの柔らかさとほどよい気温を感じさせる優しい言葉です。特に美しいのが「麗《うら》らかな日和」という言い方で、もらった手紙やメールに「麗らかな日和が続いています」といった文があると、「いい天気が……」の数倍、心が和みます。

「○○日和《びより》」という言い方も情緒のある表現です。「秋日和」は、いかにも秋らしい、空が澄んだ晴天のこと。「にわか日和」は、雨が降っていた状態から突然晴れること。「狐日和」は、晴れていたと思うと雨が降り、また晴れるといった、変わりやすい天気のこと。「小春日和」は、冬の初めに少しだけ訪れる、春のような暖かな気候のことです。

また「日和」には、何かをおこなうのにちょうどいい天気、という意味もあり、「散歩日和《さんぽびより》」「バーベキュー日和《びより》」のように、誰でも自由に複合語を作れます。

雲足《くもあし》が早い

風の強い日、駅前で空を見上げ「雲が随分速く動いてる！」と驚く高校生たち。「それを言うなら……」と声をかけたくなりましたが、あっという間に去ってしまいました。雲のスピードは「雲足」、速く流れることを「雲足が早い」と言います。風速という意味の「風足《かざあし》」という言葉もあり、やはり「風足が早い」のように使います。

霧が立ちこめる

霧があたり一面を覆いつくし、四方を見回しても晴れたところがない……。そんな状態になることを「霧が立ちこめる」と言います。「霧が深い」という言い方では表現できない霧の質感と、なかなか晴れそうにもない雰囲気を伝えられる言葉です。

篠突《しのつ》く雨

「篠突く雨」は、激しい雨のことです。「篠」は細い竹。これを無数に束ねて空から地を突くような雨、という意味ですから、かなりの強さ。でも、雨を篠と呼ぶ比喩の美しさのせいか、「土砂降り」や「豪雨」と違って、日本人が雨に対して抱く親しみのようなものも感じられる言葉です。「篠を突く雨」とも言います。

月が冴える

夜空の月や星が、曇りなくきれいに見えているときの美しさは格別で、「はっきり見える」と言うだけでは伝えきれません。「冴える」は、澄み切った空気の中でその美しい姿が鮮明に見えているイメージを表現できる言葉。「昨夜は月が見事に冴えてきれいだった」のように用います。その清澄さをさらに強調したいときに使われるのが「冴えわたる」や「冴えかえる」で、「冴えわたる星々」と言えば、きらめく満天の星が目に浮かびます。

「冴える」は面白い動詞で、月や星が浮かぶ空についても「冬の空が冴える」といった言い方が可能です。つまり、曇りのない状態を広く指す言葉で、そこから「頭が冴える」「冴えない顔」といった表現も生まれました。

「冴える」の元は「冴ゆ」という動詞で、これが変化した形容動詞が「さやか」です。意味は、やはり「澄んで美しい」こと。だから、よく使われる「月影がさやか」という言い回しと「月が冴える」という言葉は、いわば兄弟の言い回しです。

なお、この場合の「月影」は月の放つ光、あるいは、光を放つ月そのもののこと。大和言葉の「影」には「光」という意味もあり、「星影」も星の光のことです。

上《のぼ》り月《づき》

「いま、月はだんだん膨らんでいる?」「いや、もう満月を過ぎて縮んでいるよ」。そんな会話をしたことはありませんか。この「膨らんでいる」時期の月を「上り月」と言います。「縮んでいる」時期は「下《くだ》り月《づき》」。その間に挟まる満月は「望月《もちづき》」。新月《しんげつ》は「新月《にいづき》」です。

鼓星《つづみぼし》

星を呼ぶ大和言葉の名称は地域によって異なりますが、よく知られているのは、オリオン座の中心に並ぶ三つの星とそれを囲む四つの明るい星を楽器の鼓《つづみ》に見立てた「鼓星」。カシオペア座については、「W」の形を船の碇と見て「碇星《いかりぼし》」と呼ぶ地域が

あります。

星月夜《ほしづきよ》

「星月夜」は誤解されやすい言葉です。星と月が出ている夜だと思っている人が多いようですが、正しくは「月は出ていないのに、満天の星のせいで月夜のように明るく感じられる夜」のこと。ゴッホの代表作「星月夜」には、大きな丸い光が描かれていますが、あれはすべて星。ゴッホは星の明るさをその大きさで表現したのです。

黄金《こがね》

私たちは、貴重な金属である金《きん》について、その色や輝きを強調したい場面では「こがね」あるいは「おうごん」という言葉で表現しますが、最近は「おうごん」ばかり目立ち、「こがね」を使わない人が増えているように思います。でも「おうごん」と言うと、その輝きが絶大な権力の象徴のようにも感じられるので、ブルボン朝の王宮の話には合っても、古墳時代の小さな遺物などには似合いません。新聞に「黄金の太刀が出土」とあったら「こがねのたち」と読み、純粋な金色の美しさに思いを馳せてみてください。秋の田んぼに輝く稲穂も「おうごん」ではなく、「黄金《こがね》の波」です。

「こがね」の語源は、黄色い金属という意味の「きがね」。これが「くがね」を経て「こがね」になったと言われています。銀は白い金属なので「しろがね」。銅は赤い金属なので「あかがね」です。酸化して黒っぽくなる鉄は「くろがね」、金属なのに液体の姿を見せる水銀は「みずがね」。どれもわかりやすい名前ですね。

巌《いわお》

大きな岩石のことを「巌」と言います。国歌「君が代」の中で「さざれ石の巌となりて苔のむすまで」と歌われている、あの巌です。「さざれ石」は小さな石のことですから、君が代の歌詞は、小さな石どうしが自然にくっついて大きな岩石を形成し、その表面に苔が生えるまでの時間、すなわち何千年、何万年も、日本が栄えますように、と言っているわけです。

出《い》で湯《ゆ》

「出で湯」とは、湯が土中などから自然に湧き出ているところ、つまり温泉です。開発の進んだ昨今、「温泉」という言葉は入浴施設や旅館のイメージを多分に帯びているので、自然の中にあって建物を伴わない温泉について話すときには、「山奥の出で湯に行ってきた」といった言葉が似合います。

大和言葉クイズ

【問い】 昔の日本人は地震のことを何と呼んでいたでしょう。
①ない
②のわき
③いかずち

【答え】
「ない」は「大地」という意味でしたが、地震が起きることを「ない振《ふ》る」と言っているうちに「ない」だけで地震を指すようになりました。正解は①。ちなみに「のわき」は秋の暴風。「いかずち」は雷のことです。

コラム②

言霊《ことだま》の幸《さき》わう国

言霊《ことだま》の幸《さき》わう国、という言葉をご存じですか。

われらがご先祖たちは、日本を「言霊の幸わう国」と呼んでいました。言霊が栄えさせている国、ということです。たとえば万葉集には、柿本人麻呂《かきのもとのひとまろ》のこんな歌が収められています。

しきしまの大和の国は　言霊の幸《さき》わう国ぞ　ま幸《さき》くありこそ

わかりやすい現代文にするなら、「この日本の国は、言霊、すなわち言葉が持つ霊的な力によって幸せになっている国です。これからも平安でありますように」といったところでしょうか。

古代の人々は、言葉に霊力が宿ると考える「言霊信仰」を持っており、美しい心から生まれる正しい言葉は、その言葉通りの良い結果を実現し、逆に、乱れた心から生まれる粗暴な言葉は災いをもたらす、と信じていました。現代人の私たちも、たとえば結婚式では「別れる」「割れる」などの言葉を使わず、宴の終わりは「発展する」イメージに通じる「お開き」という語で表す、といった習わしを守っていて、これは言霊信仰のなごり。こうした信仰や習慣は、世界各地に見られるものです。

でも、「言霊の幸わう国」となると話は別です。「国」という大きな集団が、言霊によって幸福を得ている……。この発想はいったいどこから生まれたのでしょう。目に浮かぶのは、日々、人々が心と体を浄め、美しい言葉を選び、山の幸、海の幸、国の平安を願い、また、それを得ていることへ感謝を捧げている様子。もちろん詳しいことはわかりません。ただ一つはっきりしているのは、当時の人々が、自分たちはいつも正しい言葉を口にしている、と自負していたことです。そうでなければ災いが起き、「幸わう国」にはならないのですから。その清々しい心を想像すると、この国の基を築いた古代の人々のことをもっと知り、その精神を学びたいという思いがふつふつと湧き出ます。

翻って、現代の日本はどうでしょう。文法の乱れや流行語の多用も問題ですが、より深刻なのは、いわゆるネットいじめや、議会のやじ、ヘイトスピーチなどで使われる粗暴な言葉。見聞きするたびに暗澹たる気分になります。身近なところから、少しずつでも美しい言葉を使う習慣を広げ、ご先祖様に対して誇れる国にしたいものです。

生《い》きもの

現在の呼び名からは想像のつかない動物の名称や、動植物を説明する言葉を集めました。古《いにしえ》の日本人の感覚を楽しみましょう。

小学五年の夏休み、初めて奈良公園に行って鹿に囲まれた私は、自由作文でその喜びを書きました。いまもそれを覚えているのは、仲良しのNさんが「動物と話す機械を作りたい」という作文を書いたからです。彼女の発表を聞きながら思ったのは「あ

の鹿たちが話し始めたら大変だ。もっと鹿せんべいをくれ、家で飼ってくれ、山にいる仲間の肉を食うな、などと口ぐちに言われたら、逃げるしかない」ということでした。

以来、この思いは、ときおり頭をもたげます。もしこの犬が、猫が、鳥が、森の木々が話したら何と言うか。こちらは相思相愛のつもりでも、会話となったら、私たち人間が都合よく生きものを支配し、利用していることを指摘されるかも。そのときどう答えればいいのか……。いつの日か人類が、「いまの状況は、僕らと君たちの両方にとって一番幸せなんだよ」と、胸を張って生きものたちに言える世界を築くことができれば、いつ「話す機械」ができても大丈夫なのですが。

生きとし生けるもの

大きなスケールで自然のありがたさや破壊への憂慮を語ると、どうしても、地球上の「すべての生物」を大切に、という言葉が増えて話が単調になります。そんなときには、ここぞというところで「生きとし生けるもの」という言葉を織り交ぜてみてください。「生きとし生けるもの」は、「生きる」という言葉を変化させながら繰り返し、間に「と」「し」という強調の助詞を挟むことで「すべての生きもの」を表現する言葉。意味は同じでも「生きる」が繰り返されているぶん、より強く情感に働きかける力を持っています。

ところで、日本人は「生きとし生けるもの」の中でも、古くから知る動物については、その大部分を、犬《いぬ》、猫《ねこ》、鶯《うぐいす》、鯉《こい》、蛙《かえる》、鈴虫《すずむし》のように大和言葉で呼んでいます。つまり、この分野ではほとんど漢語の進出を許していません。そうなると気になるのは、むしろ数少ない例外のほう。そこで、ここでは、私たちが漢語で呼ぶ、象《ぞう》、驢馬《ろば》、白《はく》鳥《ちょう》、蝶《ちょう》について、あまり知られていない大和言葉の呼び名を紹介しましょう。

象《きさ》

昔の人々は象《ぞう》を「きさ」と呼んでいました。ただ、日本列島に象がいたのは二万年も前。そのころの呼び名が残っていたとは思えません。「きさ」は「木目《もくめ》」を指す言

葉でもあるので、大陸から伝来した象牙を見た人が、表面にある細い線を木目のようだと思い、未知の動物である象のことも「きさ」と呼んだ、とも言われます。

兎馬《うさぎうま》

兎馬《うさぎうま》は、驢馬《ろば》のことです。驢馬の特徴は耳が長いこと。そこからつけられた愛敬のある呼び名です。

鵠《くくい》

白鳥は、かつて「くくい」「くぐい」「くび」などと呼ばれていました。鳴き声からつけられた名と考えられています。

かわひらこ

蝶を言う大和言葉は「かわひらこ」。川の上をひらひらと飛ぶもの、という意味です。とても美しい言葉で、平安末期の辞書には載っているのですが、なぜか和歌の中ではほとんど使われておらず、これは古代の日本語を巡る謎の一つです。ちなみに蛾は「ひいる」。これについては「舞い上がる」という意味の動詞「ひいる」から生まれた、という説があります。

和毛《にこげ》

犬や猫を飼っている人が日ごろ感じている大きな喜びの一つは、その美しい毛に触れることでしょう。「あの柔らかい毛を撫でると本当に癒される」という人は少なくありませんが、この「柔らかい毛」を一言で言う大和言葉が「和毛」です。「にこ」は、「にこにこ」「にこやか」の「にこ」で、柔らかく穏やかな様子。「和毛」は、犬、猫、鳥などの柔らかい毛のことで、まれに人の産毛も和毛と呼ぶことがあります。あなたが犬や猫を飼っているなら、発音するだけでも微笑みが浮かぶこの言葉を使いながらブラッシングしてみてください。その喜びがより大きくなるはずです。

多くの動物は、自分自身や仲間どうしでも舌や爪などを使って毛を整えますが、この行為は「毛繕《けづくろ》い」です。最近は「グルーミング」と呼ぶことが多いようですが、乱れた毛を丁寧に「繕《つくろ》う」様子が目に浮かぶ「毛繕い」も大事にしたい言葉の一つ。鳥の場合は「羽繕《はづくろ》い」です。

いがむ

ほかの犬に向かって歯をむき出し、吠えたり噛みつこうとしたりする癖を持つ犬は、散歩をさせるのが大変。飼い主は「この子は喧嘩をしようとするので困る」などとこぼしますが、大和言葉では動物がそうした威嚇や攻撃の態度を見せることを「いがむ」

と言います。犬どうしや熊どうしの喧嘩は「いがみあい」。それが、人間どうしの争いについても使われるようになりました。だから「いがみあい」という言葉は、その両者の精神性をやや低く見るニュアンスを含んでいます。

ついばむ

「食べる」ことは全ての動物に共通する行為。でも小さな鳥の場合、「食べる」という動詞はあまり似合いません。「文鳥が餌を食べている」と言っても間違いではありませんが、「文鳥が餌をついばんでいる」のほうが、その情景をよく伝えます。「つい」は「突く」が変化した言葉で、「はむ」は「食べる」という意味の古語。つまり「ついばむ」には、くちばしで何度も突っついて食べる、鳥の習性が表現されているからです。

もぬけ

「もぬけ」は、蛇《へび》や蝉《せみ》などが脱皮すること。残る抜《ぬ》け殻《がら》も「もぬけ」あるいは「もぬけの殻《から》」と言います。刑事ドラマでは、犯人の住居を突き止めたが逃げたあとだった、という場面で「もぬけの殻だ」と言いますが、これは誰もいない住居を蝉などの抜け殻に喩えた言い方です。

ときわぎ

桜や楓《かえで》のように葉の落ちる樹木が「落葉樹」であるのに対して、松、杉、檜《ひのき》のように、一年じゅう緑の葉が茂っている木は「常緑樹」。理科の授業ならそれでいいのですが、日本語を愛する者としては知っておきたい言葉がもう一つ。常緑樹という意味の「ときわぎ」です。「ときわ」は漢字で書くなら「常磐」か「常盤」。もともとは「とこいわ」で「変わることなく常にある大岩」という意味。それが「変わらず永久に続くこと」、さらには「樹木の葉が常に緑であること」も指すようになって「ときわぎ」という言葉が生まれました。

人は誰も病み、老い、事故や災害にも遭うので、「変わらない」ことは私たちにとって夢に見る幸福。だから「ときわぎ」という言葉は、「常緑樹」にはない「幸福」の香りを放ちます。たとえば結婚披露宴のスピーチなら「新郎の家の庭にそびえる樫《かし》、松などのときわぎと同じように、ご両家がいつまでも繁栄しますように……」、そんな使い方が似合う言葉です。

ひこばえ

平成二十二年の早春、鎌倉の鶴岡八幡宮の大銀杏が強風で倒れたのは悲しい出来事でしたが、その後、残った根から小さな芽が出て、多くの人々を感動させました。そんなふうに、倒れた樹木の根や切り株から新たに芽が出ること、また、その芽のことを「ひこばえ」と言います。「ひこ」は、孫や男子を意味する古語で、大木の根っこに生えた小さな芽を孫に見立てた呼び名が「ひこばえ」。「根っこの芽」という言葉では表しきれない愛らしさ、さらには育ちの良さまで伝えられる言葉です。

たわわに実る

穀物がよく実っている様子や、果樹にたくさんの実がなっている様子は、一言で言えば「豊作」ですが、イメージがより鮮明に伝わるのは「たわわに実る」という言い方です。「たわわ」は、「たわむ」から生まれた言葉で、茎や枝が実の重みでしなっている様子。「たわわに実る」は、全体の重量感を表現することで、実りの多さを伝える言葉です。

うてな

花の中心にある「雌《め》しべ」「雄《お》しべ」や「花びら」は、わかりやすい大和言葉なのに、その下は「萼《がく》」。急に硬い漢語になるので面食らいますね。この萼を意味する大和言葉は「うてな」。基本の意味は「物を乗せる台」で、語源は「棚」とも言われます。昔の人々は、萼を花の一部ではなく、花が乗る台と見ていたのですね。

性《さが》

相手の性格や気質は、褒めるにも注意するにも言葉を選びたくなるもの。そんなときにも、大和言葉ならではのニュアンスが役立ちます。

性《さが》は、生まれ持った性質のこと。一般的には、悩ましい性質について使われることが多い言葉です。

食堂で友人たちとしゃべっているうちに、自分の短所は何かという話になったことがあります。「実は人見知りで……」「野菜嫌

いで……」「短気で……」などと言い合っていると、突然、外国人の女性店員が「イイ年シテ何言ッテンノ。悪イトコハ直シナサイ！」。まさに正論なので、私たちはたじたじ。返す言葉がありませんでした。
　でも、その後、よく考えてみると、私たちはみんなこうした短所を丸出しにして生きているわけではありません。若き日に、自分がそうした性質を持つことを自覚し、その影響を極力減らすくふうをしてきたからです。その努力の中で自分らしさが生まれた、という面もあります。つまり、私たちにとっての自分は、「困った性質」込みでできている、とも言えるわけで、直そうと努めればいいというものではない。そこが、性質の厄介なところです。

人となり

結婚披露宴を始めとする宴会やイベントには人を紹介するスピーチがつきものですが、そこでは、経歴の話に続いて性格についても語るのがふつう。その冒頭で使いたいのが「人となり」という言葉です。これは、人と成る、つまり人間としてこの世に生まれたときの様子、という意味で、生まれ持った性格のこと。でも「性格」や「性質」と違い、「人」「なり」という身近な言葉が連なる大和言葉なので、聞き手の心の中では「○○さんのことをとてもよく知っているのだろう。面白いエピソードが聞けそうだ」という期待が高まります。

なお、この「人となり」は自分の性格を語るときには使えません。これは「人柄」も同じ。おそらく、大和言葉の「ひと」には「敬意を払うべき人」というニュアンスが含まれているためでしょう。最近は「私は○○な人です」という言い方もときどき耳にしますが、まだ違和感を覚える人が多いはず。「女」「男」「人間」ならば問題ありません。

かたぎ

「かたぎ」は、「職人かたぎ」「昔かたぎ」のように、さまざまな名詞のあとにつける接尾語。ある名詞のあとに「かたぎ」がつくと、その名詞からイメージされる独特の性格、という意味になります。だから「職

人かたぎ」「昔かたぎ」は「職人っぽい性格」「昔ふうの考え方をする性格」という意味ですが、どちらも「ぽい」や「ふう」を使う説明よりも端的で歯切れがよく、聞き手の心にその意味がスムーズに届きます。

注意すべきは漢字表記。「気質」と書かれることが多いのですが、この「気質」には「きしつ」という別の読みがあり、こちらは「感情の湧き方の傾向」という意味です。スピーチのための原稿などで用いるときには、必ずふりがなを打ちましょう。

持ち前

人が、生まれ持った性質を発揮して立派な仕事を成し遂げたときによく用いられるのが「天性」や「生得」という熟語。「天性の明るさで人々を勇気づけた」といった使われ方をしますが、大和言葉の「持ち前」も趣のある言葉です。「持ち前の明るさで」と言えば、その人がいつも明るい笑顔を「持っている」様子が聞き手の目に浮かびます。

たち

「たち」も性質、性格という意味ですが、困った性質について多く使われる言葉。だから、自分の性格について話すときに「私は飽きっぽいたちなので……」のように使えば、それがよくない性質だと自覚していることを伝えられます。

打てば響く

「あの人は頭がいいね」「うん、こちらがちょっと話すと、すぐに全部を理解して対処してくれる」。病院の待合室で、患者たちがある職員のことをそんなふうに褒めていました。こういう人には「頭がいい」「聡明」「利発」といった褒め言葉のすべてが当てはまるいっぽうで、どれもその本質を言い当てていない感じ。本質を突くのは「打てば響く」という大和言葉です。

「打てば響く」は、鐘を打った瞬間に美しい音が鳴り響くように、人に何かを教えたり働きかけたりすると、すぐに望ましい反応が返ってくること。多くの場合、この例のように相談ごとなどにすぐ対応してくれる人や、学習が早い生徒について、「○○さんは打てば響く人だ」といった形で用います。ともすれば判断から対処までに長い時間をかけ、相手を失望させてしまうことが多い私たちにとって、鐘の音が響くような反応は理想。「打てば響く」は、「賢い」という意味の単語が含まれていなくても、最高の褒め言葉です。

目から鼻へ抜ける

「目から鼻へ抜ける」も「聡明」「賢明」では表しきれない頭の良さを言う慣用句ですが、こちらが表すのは「恐ろしく素早く、かつ正確に判断する能力」です。つまり、目で見た事柄についてあっという間に

判断を終え、次の瞬間にはもう結論が鼻から外へ出ている、というイメージ。「社長は、まさに目から鼻へ抜けるような人」といった使い方がふつうです。褒め言葉ではありますが、まったく悩まずに判断することを「人間味に欠ける」と感じているニュアンスも多少含まれるので、本人との会話よりも噂話で用いられることが多い言葉です。

ものがたい

実直、まじめで、義理や礼儀を重んじる人は「律儀な人」と呼ばれますが、大和言葉では同じ性質を「ものがたい」と言います。「かたい」という語が含まれているので、人に対して一度とった態度を堅く変えずに生きている様子が浮かぶ言葉。「二年前の件について、また御礼を言われたよ。ものがたい人だね」のように使います。

竹を割ったような

「竹を割ったような」は、正直で率直な性格を表す言葉。竹が中途半端な折れ方をせず、必ずきれいに縦に割れることから生まれた慣用句ですが、竹はもともとまっすぐ上へと伸びる美しい植物なので、「あの人は竹を割ったような性格」と言えば、その潔さ、清々しさが強調されます。

あこぎ

「あこぎ」は、貪欲、無慈悲という意味です。わかりやすい例で言えば、金を貸している相手が災害に遭って苦境に陥ったと知ると、まずその借金を取り戻しに行く、そんな性格が「あこぎ」。「彼はあこぎな人だ」のように用います。

語源は、三重県の阿漕ケ浦《あこぎがうら》。ここは昔、禁漁区だったのに、ある貪欲な漁師が何度も魚を取って罰せられた、という言い伝えから生まれた言葉と言われています。

古風で、少し芝居じみているようにも聞こえる言葉ですが、そこが特長とも言えます。たとえば、あなたの友人が誰かに対して、いまの取り立ての例のような無慈悲な行為を始めようとしていたら、どう言ってやめさせるか。「貪欲」「無慈悲」といった言葉はストレートすぎて喧嘩になる可能性がありますが、「あこぎなまねはダメだよ」なら、「あこぎ」という言葉の古さがユーモラスな響きを生むので、穏やかな説得をおこなうことができるかもしれません。

さかしら

現場に精通した人たちがきちんと仕事をしているところへ、未熟で生意気な監督官が着任し、見下すような態度で合理化を唱え、みんなを困らせる……。ドラマでよくあるシーンですが、この監督官のように、さも利口そうな態度をとりたがる性質を

「さかしら」と言います。「さかしい」という形容詞は本来「賢い」という意味なのですが、ときに「理屈ばかりで思慮は浅い」という意味にもなり、この悪いほうの意味を独立させた言葉が「さかしら」。「彼は今日もさかしらに持論を語った」と言えば、「利口」で「生意気」で「自信過剰」の話しぶりを一語で表現できます。

つむじまがり

他者から寄せられる親切や愛情を素直に喜ばず、必ずひねくれた態度をとる。そんな性格を表す言葉が「つむじまがり」です。つむじが曲がっている人は心もひねくれている、という変な俗信から生まれた言葉。そのぶん、ちょっと冗談めいた雰囲気も帯びているので、同じ意味の「偏屈」などと比べ、人を評する中で口にしても、嫌な後味が残りにくい、という利点があります。

大和言葉クイズ

【問い】「しわい」とはどんな性質でしょう。

①頑固
②けち
③無精《ぶしょう》

【答え】「しわい」の語源は、額に「しわ」を寄せて金を払うからとも、出し渋るという意味の「しぶい」が変化したとも言われます。正解は②です。

思《おも》い

心を動かされたとき、人に自分の心の動きを伝えたいときに使いたくなる大和言葉を紹介します。

　私たちは、いつも何かを思っていますが、「思い」の正体を知っている人はいません。生物学や心理学の教科書には、生物としての本能が「思い」を生む、という趣旨の説明が載っていますが、現実に私たちが抱く「思い」の複雑さ、不思議さに照らすとあまりに単純で、解明には程遠い感じです。

　確かに私たちは、自分の得になることをしたいと思い、そのためにずるいことや意地悪なことも思いつきます。でも、家族や友人のためなら、つらい役や面倒な仕事もやろうと思うし、より注目すべきは、私たちの多くが、おそらく一生関わることのない相手、たとえば遠く離れた被災地の人々に心を寄せ、幸せが訪れますようにと祈ることがある、ということです。

　たとえ、そうした経験が人生で一度だったとしても、ただただ自己の遺伝子を残すための進化を繰り返してきた数十億年の生物史の中で、それは何と突出した超越的な出来事か……。そんなことを思うと、自分が「思い」を持つ存在として生を得たことがとても不思議で、また嬉しく思えます。

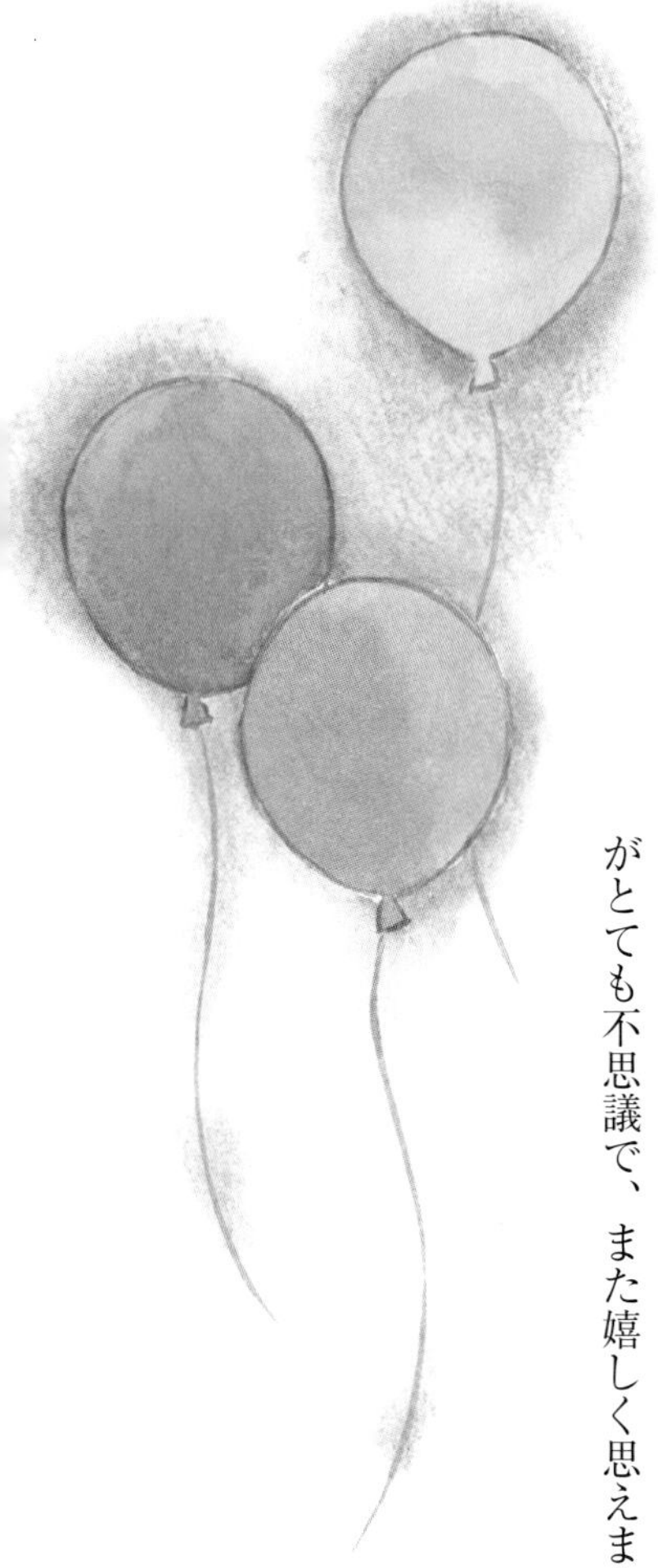

目頭が熱くなる

感動や感激で涙が出そうになることを「うるっとする」「うるうるする」と言う人が増えてきました。「うるうる」は「潤っている」状態を意味する言葉として昔からあるので、考えようによっては良き大和言葉の復活とも言えますが、「激励のお手紙、うるっとしました」のような使い方は最近の流行。目上の人への礼状などで使うべきではありません。「激励のお手紙、目頭が熱くなりました」と書けば、同じ意味を美しく表現できます。「目頭」は左右の目の鼻に近い部分。そこから熱い涙が湧き始めている、という意味の慣用句が「目頭が熱くなる」です。

「泣ける」も要注意の言葉です。「自然に泣けてくる」という意味だけならいいのですが、映画や小説に関する話で「気持ちよく泣くことができる」という意味で使っている人も多いからです。「会長のスピーチは泣けますね」などと言うと、「私のスピーチは君を気持ちよくする道具じゃないよ」と叱られてしまうかもしれません。素直に「涙が出ます」と言うほうが無難です。

胸に迫る

「感動した」という言葉は、心を動かされた場面のほぼすべてについて使えるので重宝ですが、こればかり口にしていると周囲の人に「ほかの言葉はないの?」と笑われ

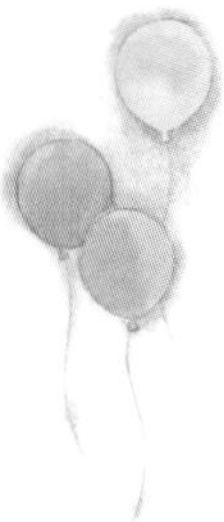

てしまいます。「感動」と一口で言っても実はいろいろな感じ方があるはず。たとえば、ぐっと来た感じなら「胸に迫る」。ずしんと来たなら「胸を打つ」。じわじわ来たなら「胸に染みる」。日ごろからこうした言い回しを使い分ける習慣を持ち、スピーチなどでも「あの光景は胸に迫るものがありました」といった格調高い言葉で語ってください。

ほだされる

「ほだされる」も「感動する」という意味ですが、ただ感動するだけで終わらず、その影響で何らかの意思が変わる、というニュアンスを伴います。たとえば、友人に金を貸すのは嫌だったけれど、起業したい気持ちを切々と訴えるのを聞いて心が動き、貸すことにした、といった場合は、「感動して気持ちが変わり、金を貸した」などと説明しなくても「ほだされて金を貸した」と言えば、その心境が伝わります。

身につまされる

「身につまされる」は、気の毒な状況の人を見て「私も似ている」「私もこうなる可能性がある」と思い、つらく感じることです。定年後、やることがなくて気鬱になった先輩について話す中で「私も五十を過ぎて無趣味。身につまされるよ」。そんなふうに用います。

倦《う》まず弛《たゆ》まず

「一生懸命」はいい言葉ですが、希望や抱負を語る場であまりにも多くの人が口にするため、聞く側の印象にはほとんど残らない、という困った状況が生まれています。代わる言葉としては「精一杯」「全力で」などがありますが、私のお勧めは「倦まず弛まず」という大和言葉です。

「倦《う》む」は「飽きる」、「弛《たゆ》む」は「緊張が緩む」という意味なので「倦まず弛まず」は「飽きることも、緊張が緩むこともなく」。「倦まず弛まず仕事をしよう」と言えば、「いつも興味を持ち続け、集中して仕事をしよう」という呼びかけになります。「倦まず」という言葉を含み、また「〇〇ず」という言い方を繰り返すため、長くこつこつ続けるイメージも帯びている慣用句です。

このほかにも、「持てる力のすべてを注いで」「力を振り絞って」といった言葉が「一生懸命」の代わりになります。より強いインパクトを求めるなら「死にもの狂いで」「魂を打ち込んで」。でも、この二つは、よほど重要な場面でないと「大げさだ」と笑われてしまう可能性があります。

思いを馳せる

遠くに住む人や、しばらく会わない人への手紙などでは、つい「想像する」という言葉を何度も使い、読み返してみると格好の悪い文になっている、ということが少なくありません。そんなとき、置きかえるといいのが「思いを馳せる」という慣用句です。「テレビで沖縄の風景を見るたびに、どうしていらっしゃるかと思いを馳せています」のように使います。「馳せる」とは馬などを「走らせる」こと。「体はここにありますが、思いはあなたへ向けて走らせています」と言っているわけで、親愛の情もほんのりと伝わる表現です。いろいろなことを想像している場合には「思いを巡らす」という言い方も使えます。

思い合わせる

複数の条件を吟味して何らかの判断を下す、という場面では「諸々のことを総合的に勘案して……」といった言葉がよく用いられますが、「思い合わせる」という言葉を使えばすっきりと表現できます。「諸々の条件を思い合わせ、A社と契約することにしました」のような言い方です。

徒《あだ》や疎《おろそ》かにしない

人から受けた親切や忠告について「必ず大事にします」と言いたいときに使える、美しい響きを持つ大和言葉が「徒や疎かにしない」です。「徒」も「疎か」もいいかげんに扱う様子。だから「徒や疎かにしない」で「大事にする」という意味になります。「いただいたご温情、決して徒や疎かにいたしません」のように用います。

憤《いきどお》りを覚える

レストランで、若い男女のグループが外交問題についてあれこれ言い合っていました。意見はどれも筋が通っていましたが、一人がある国の政策について「チョーむかつく」と言うと、別の一人が「いや、むかつくのは○○政府のほうだよ」。「むかつく」という言葉がついに外交問題にまで進出したかと頭を抱えました。

「むかつく」は本来「胸がむかむかする」、つまり吐き気を感じるような不快感を表す言葉。目の前にいる誰かが陰険な攻撃を仕掛けてきたときに言うのならわかりますが、それ以外の場面には似合いません。なのに、この調子であらゆる不快感を「むかつく」と言う人が増えたら、それは、すべての不快な気分を泣くことで表現する赤ん坊に近い人間が増えるのと同じ。言語文化の衰退です。

怒りを表す言葉の代表は「腹が立つ」。でも、政治や外交の問題には「憤りを覚える」が合います。心の中で怒りの炎は燃え続けているが、爆発させて解決する話でもないのでじっと抑えている、というニュアンスを持つ言葉です。

省《かえり》みる

送別会や解散式では、挨拶に立った人が「振り返れば……」「思い起こせば……」と言って記憶を語る場面がよくありますが、

「迷惑をかけました」「失敗ばかりですみません」というような真摯な反省の気持ちを述べたいときにふさわしいのは「今日までの自分を省みると……」「この十年を省みるとき……」といった言葉です。「省みる」は「立ち返って過去を見る」ことですが、単なる過去ではなく、過去の自分を見る、内省のイメージを伴う言葉です。

結《むす》ぼれる

「結ぼれる」は「鬱屈《うっくつ》する」という意味の大和言葉。「心が結ぼれて、家にこもっている」のように用います。鬱の状態になることを「心の糸がからんで結び目ができる」ことととらえた言い方で、名詞形の「結ぼれ」は「鬱屈」あるいは「憂鬱」。この言葉のいいところは、憂鬱な気分になったときに「いまは心が結ぼれている。時間をかけて、からまった糸を解《ほど》こう」という気持ちになることです。もっと広まってほしい言葉です。

胸を撫でおろす

心配事が消えてひと安心、というときの気持ちを表す言葉に「胸を撫でおろす」があります。「アー、ほっとした」と言いながら両手で胸のあたりを「撫でおろす」情景が目に浮かぶ表現。「無事の知らせを聞いて胸を撫でおろした」という言葉は、「安堵した」よりも豊かにその心情を伝えます。

つとめ

仕事をおこなっていく中で使える言い回しです。決意が伝わる言葉、角の立たない断り方など、大和言葉でビジネスシーンを切り抜けましょう。

「つとめ」という言葉は、勤め、務めなどの書き分けがあることでもわかるように、勤労、役目としておこなう仕事、励むべきことといった広い意味を持ちます。「つと」は早朝のこと。もともとは早朝に仏教の勤

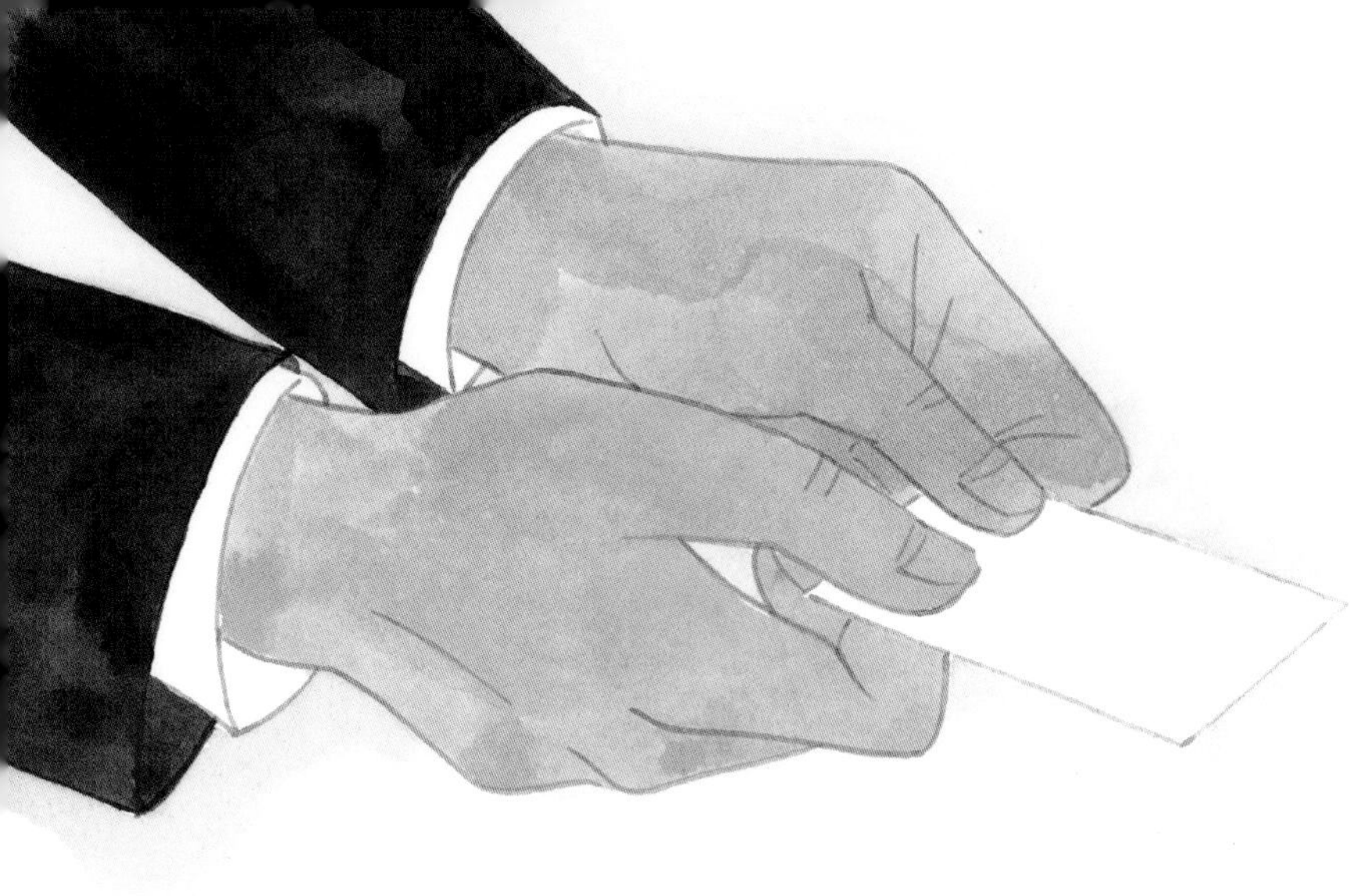

行をおこなうことを指した言葉で、だから、どの意味の中にも、怠けたい気持ちと戦うニュアンスが感じられます。
私は「つとめを果たす」という言葉が好きです。優勝、成功、達成といった言葉は、そこに手が届いた人と届かなかった人の間に線を引きますが、「つとめ」は人それぞれ。華々しい勝利や成功に縁がなくても、自分がやるべきだと思った行動を怠けずに続けた人は、誰でも「つとめを果たした人」になれるからです。これは私の勝手な想像ですが、あの世で私たちを迎える閻魔さまは、名声や財産などには興味がなく、ただ「つとめを果たして来たか」と聞くのではないかしら……。そのときに「はい」と答える誇らしさを思うと、日々襲い来る怠け心にけっこう対抗できる気がします。

全《まっと》うする

上司に「疲れた顔をしているね。あのプロジェクトは早めに切り上げようか」と聞かれ、「いいえ、私が提案した仕事ですから、必ず最後までしっかりやります」。立派な発言ですが、もっとかっこよく言う方法が一つ。文末を「必ず全うします」にすることです。「全うする」は、課せられたことのすべてをしっかりやり遂げる、という意味を、たった一語で表す言葉。その切れ味のよさが説得力を生みます。

「全うする」の語源は、「完璧である」という意味の形容詞「まったい」。その連用形が、私たちのよく知る「まったく」です。この「まったく」が変化して「全うする」という言葉が生まれたわけですが、それとは別に、「真っ当」という字を当てて「ちゃんとした」という意味の形容動詞としても使われるようになりました。「真っ当な方法」「真っ当に暮らす」のような使い方です。元の「まったい」は消えてしまったのに、子孫があちこちで栄えている面白い言葉です。

生業《なりわい》

「生業」は職業という意味ですが、「生きていくための収入をそれによって得ている」という側面を強調したいときに使う言葉です。たとえば、あなたが腕のいいアマチュア写真家で、その写真を見た人に「プロの

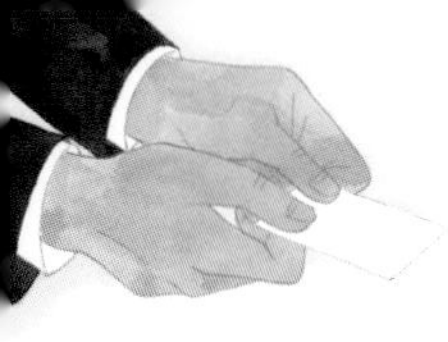

カメラマンですか?」と聞かれたときに、「いえ、〇〇を生業としています」という答え方をすれば、真剣に写真に打ち込んでいるけれど、収入源となる仕事は〇〇である、ということを端的に伝えられます。

携《たずさ》わる

日常の自己紹介で経歴を話すときは、ふつうに「〇〇の仕事をしてきました」と言えばいいのですが、大勢を前にしたスピーチでは、もう少し格調高く語りたいもの。そんなときに使えるのが「携わる」です。「〇〇の仕事に携わってきました」と言えば、「携わる」という言葉が持つ品格のおかげで、自信と余裕を持って仕事をしてきたような雰囲気が醸し出されます。

取り交《か》わす

「取り交わす」は「交換する」という意味ですが、「約束を取り交わす」のような使い方もあるため、「交換」では感じられない両者の親しさを匂わすことができる言葉です。「名刺を取り交わす」「契約書を取り交わす」「挨拶を取り交わす」のように、さまざまな場面で使えます。

白羽《しらは》の矢が立つ

会社が大きな事業をおこなうことになり、誰がリーダーになるか注目される中で、キャリアの浅い人、あるいは遠い部署の人が選ばれてみんな驚いた……。そんなときには「大抜擢」という言葉がよく用いられますが、大和言葉には「白羽の矢が立つ」といううきれいな慣用句があります。白い矢羽《やばね》のついた矢がその人へと飛んで行くイメージはとても印象的。だから「執行部は悩んだようだけど、結局、若い○○係長に白羽の矢が立ったよ」と言えば、その人選を巡る緊張と意外な結末をドラマチックに表現できます。

「白羽の矢が立つ」の語源は、その昔、少女を人身御供《ひとみごくう》として求める神がいて、欲しい子が住む家の屋根に白羽の矢を立てた、という恐ろしい言い伝え。だから、もともとは「犠牲者を選ぶ」という意味で使われていたのですが、「白羽の矢」のイメージが美しいためか、本人にとって喜ばしい登用にまで意味が広がりました。現代においては、披露宴の祝辞などで使っても大丈夫です。

荷が勝つ

ある仕事を頼まれたけれど、その量、難しさ、責任の重さなどを考えると、とても引き受けられない、というときには、どう断っていますか。ただ「絶対無理です」で

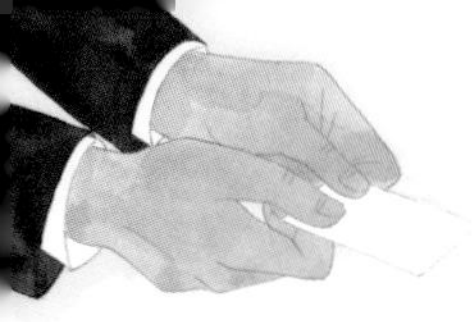

はちょっと幼稚。同じ断るにしても「私には荷が勝ちます」と言えば、理性的な判断に基づく辞退だと思ってもらえます。「荷が勝つ」は、自分の力と荷物の重さを対決させれば荷のほうが勝つ、という意味。つまり「役割が重くて担いきれない」ことです。「荷が重い」だと「重くても頑張れ」と言われてしまうので、本当に断りたいときは「荷が勝ちます」と言いましょう。

そつなくこなす

与えられた仕事について、少しもミスを犯さずスムーズにやってのける様子を端的に表現する言葉が「そつなくこなす」です。「そつ」は手落ち、無駄という意味なので、「そつなく」は「無駄なく上手に」。「こなす」も円滑に処理することなので、この二つが連なる「そつなくこなす」は、目配りの行き届いた、達者な仕事ぶりを表します。

お手の物

「お手の物」は「得意とする仕事」のこと。「役所との交渉ぐらいお手の物です」のように用います。自分以外の人についても「通訳なら彼女のお手の物です」といった使い方ができます。自信のほどをわざと大げさに言う面白さがミソの言葉なので、会議や討論には似合いませんが、親しい上司などとの会話で使えば喜んでもらえる慣用句です。

書《か》き入《い》れ時《どき》

たいていの仕事、特に客をもてなす商売では、一年の内のどこかに、忙しくて大変だけれど多くの収入を見込める時期があるもの。たとえば避暑地の土産物店ならば、七、八月がそうした期間でしょう。最近はそうした時期のことを「シーズン」「最盛期」などと呼ぶ人が多いようですが、もう一つ、覚えておきたい言葉が「書き入れ時」です。「書き入れ時」とは、商人が帳簿に収入を書き入れる回数が多いとき、という意味で、つまり収入の多い時期。収穫やお金を「掻き入れる」豪快な光景を思い描くのは間違いです。でも、豪快さはなくとも「書き入れる」は人間の動作を表す言葉。「書き入れ時」という語は、聞く人に、商店の人が忙しく働く様子をイメージさせるので、「シーズン」「最盛期」よりも、その活況と賑やかさが鮮やかに伝わります。

年ではなく、月、週のような、より短い期間について、「上旬が書き入れ時」「金曜が書き入れ時」といった使い方をすることもできます。

手間暇《てまひま》かける

「時間と労力を費やす」ことを、大和言葉では「手間暇かける」と言います。この「暇」は「やることがない状態」ではなく、「時間」という意味です。

会社の会議では「時間と労力」という言

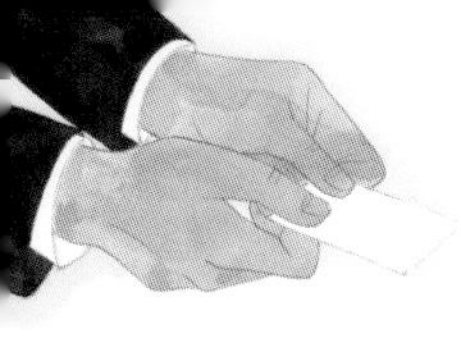

葉がふさわしいかもしれませんが、一般の人々にとって「時間と労力」はしばしば無駄に費やされる印象がある概念。いっぽう「手間暇」にはそうした負のイメージがありません。たとえば菓子などについて語るときには「手間暇かけて作った品」のほうがいい出来ばえのように感じられます。

骨休《ほねやす》め

「骨休め」は、仕事を休んで気力や体力を回復させること。「休養」とほぼ同じ意味ですが、「骨」という言葉が入っていることで、休む前までは骨を折って働いていた、というニュアンスを聞き手に伝えます。休暇をとったあと、上司に「おかげさまで骨休めをさせてもらいました」と言えば、「休養させてもらいました」のときよりも、「のんきで羨ましい」などと皮肉を言われる確率を下げられるはずです。

鞍替《くらが》え

転職したことを友人などにさりげなく話したい、というときに使えるのが「鞍替え」という言葉です。職業や勤め先を変えることを馬の鞍を替えることに喩えた、やや冗談めかした言い方なので、「介護の仕事に鞍替えしたんだ」のように使えば、「自分が望んで決めたこと。悩んではいない」というメッセージも同時に伝えられます。

時《とき》

大和言葉では、現代的な時間の単位とは異なる尺度で時を表します。とらえ方ひとつで日々流れゆく時間に、新鮮さが生まれてくるはずです。

時とは何でしょう。

時は、憎まれがちです。それは、私たちが時とともに老いるから。でも、それは私たちの肉体が持つプログラムのせい。時にあたるのは筋違いです。

久しぶりに家族が揃った日や恋人と過ごす夜には「時が止まればいい」とも思いますが、これも時に対して失礼な話。「楽しむ」「愛する」「感じる」という言葉、いやそもそも「生きる」いう言葉が動詞であることから明らかなように、私たちの心も、命も、「動く」ことで成り立つもの。時が止まったら喜びもときめきもありません。

時は、どのように始まったのでしょう。私がときどき思うのは、神様がまず完璧な世界を作ったけれど、面白みに欠ける。そこで「動け」と命じたら、時が生まれ、ものが動き出した、という情景です。これを想像すると、時は私たちの命の根源に思え、時への感謝と親近感が湧きます。そして、朝、昼、夜といった、時を表すごくふつうの言葉も、「時の精」の名のように思えて、美しく響き始めるのです。

片時《かたとき》も

留学先から恋人に送る手紙に「一日も君を忘れたことはない」と書いたら、「じゃあ半日忘れたことはあるの?」と責められた……。ラジオの番組でそんなエピソードが紹介されていました。恋人の気持ちもわからなくはありませんが、かといって「一秒も忘れたことはない」と言われたら、今度は「嘘ばっかり」と言いたくなるはずです。

一番いいのは「片時も忘れたことはない」という言葉。「片時も○○しない」は、「○○しない状態をずっと保っている」という意味の慣用句として広く使われているので、この言葉を聞いて「片時」がどれくらいの長さかを考える人はいません。「片時も忘れない」と言えば「いつも思っている」という意味。そして、これは偶然ですが「かたとき」という音の響きが心の「堅さ」を連想させるので、「忘れない」という言葉によく合います。

念のために申し添えれば、「片時」は、昔の時間の刻み方で「一時《ひととき》」の半分。一時が約2時間なので片時は約1時間です。

ひととき

いまも述べたように、「一時《ひととき》」はもともと約2時間を表す言葉。でも、やがて意味が広がり、ひらがなで「ひととき」と書く場合は「ある程度の時間」を示すようになりました。そして注目すべきは、その発音

の美しさのせいか「楽しいひととき」「安らぎのひととき」のように、心地よく過ごす時間について使う例が圧倒的に多く、いまでは「ひととき」という言葉そのものが喜ばしいイメージを帯びていることです。だから、たとえば友達を食事に誘う場合も「忘れられない時間になるよ」より「忘れられないひとときになるよ」のほうが説得力が増します。

瞬《またた》く間《ま》に

「瞬く間に」は、「一瞬で」「瞬時に」とほぼ同じ意味ですが、「瞬く」という動詞を含むところが違います。「瞬《またた》く」は「瞬《まばた》く」と同じで、まぶたを開閉することですが、その早さは開閉する本人もわからないほど。だから「瞬く間に」は、人間が知覚できないぐらい早く、というイメージを伝えます。

追い追い

「いまは反発していても、次第にわかってくれるよ」。思春期の子とのコミュニケーションに苦労する親を慰めるときによく使う言葉ですが、私のお勧めは「追い追いわかってくれるよ」。子どもの成長が、時の流れに沿って望ましい未来を「追う」、その動きが感じられる言い方なので、親にとっては心強い励ましになります。

朝な夕な

入学試験や資格試験に合格したら、それまでの頑張りについてちょっと自慢したいもの。そんなときに使える大和言葉が「朝な夕な」です。「朝な夕な勉強に励んで合格した」と言えば、ある程度の期間、毎日、長時間、勉強したということ。でも「毎日」や「長時間」と違って、「朝」「夕」は具体的な時を示す言葉なので、「朝な夕な」は、流れる時間の中で寸暇を惜しんで精一杯努力しているイメージを聞き手に伝えます。

「朝な」「夕な」の「な」は語調を整える接尾語で特別な意味はありません。でも「朝《あさ》夕《ゆう》」がもっぱら「朝方と夕方」を指すのに対し、「朝な夕な」は「朝が来ても夕方が来ても」、つまり、途中で少し途切れることはあっても、大まかに見ればずっと、という意味で使われます。

「夜《よ》な夜《よ》な」も同じ「な」を使う慣用句で、こちらは「毎晩」という意味です。「夜な夜な勉強に励み……」と言えば、やはり寝る時間を惜しんで一生懸命勉強するイメージが伝わります。

夜《よ》もすがら

「夜もすがら」は、「終夜」「一晩じゅう」という意味。「すがら」は「始めから終わりまで」を意味する古語です。でも、この「すがら」は「道すがら」のように人間の行為についても使われるので、「夜もすがら」は、

長い夜の間、何かを感じ続けている人間がいることを匂わせる言葉。だから「夜もすがら君を思っていた」のような、感情についての叙述に使うと、情趣豊かな文になります。

「終日」「昼の間じゅう」という意味の大和言葉は「日もすがら」「ひねもす」です。「連休はひねもす読書をしています」のように、どちらものんびりと過ごす時間について使うのがふつうです。

常《つね》日《ひ》頃《ごろ》

わが子や若い部下などへの説諭や訓示では、「ふだんから○○を心がけなさい」という内容を語ることが少なくありません。

この「ふだんから」を強調したいときに有効なのが「常日頃から」という言葉です。意味は同じですが、若い人の心は耳慣れない言葉に敏感なので、こうした言葉が力を発揮することがあります。

たそがれ

「夕刻」を表す大和言葉の代表は「たそがれ」です。語源は「あの人は誰？」という意味の「誰《た》そ彼は」。つまり、薄暗くて、向こうから来る人が誰だか分からない、という心象を、昔の人はそのまま時を表す単語にしたのです。この言葉のセンスは世界に誇れるものだと思います。

来《こ》し方《かた》行《ゆ》く末《すえ》

忘年会や新年会、会社の創立記念日などでスピーチを求められれば、自ずとその内容は歳月の流れを意識したものになります。「過去を踏まえ、未来を展望して……」といった言い回しを使う機会が増えますが、そうした話をぐっと引き締めるのが「来し方行く末」という言葉です。

「来し方」は「来た方向」、「行く末」は「行く方向」という意味で、「過去」「未来」のこと。でも「来し方行く末」と続けて言うことで、過去から現在、そして未来へと続く「長い歳月の流れ」という意味が生まれます。また、「過去」や「未来」が抽象的な概念であるのに対し、「来し方」や「行く末」は「人間が歩む」イメージから生まれた言葉。そのため、「わが社の来し方行く末を思うと、深い感慨を覚えずにいられません」という言葉は、「わが社の過去、未来を思うと」と比べ、そこで頑張る人々の姿をより鮮やかに浮かびあがらせます。

なお、「来《き》し方行く末」という言い方もあり、意味は同じ。どちらも正しい言葉づかいです。

行《ゆ》く行《ゆ》くは

新しい仕事や勉強を始めた人が、「将来の夢は?」という問いに答えるときによく用いるのが「まずは○○を達成し、うまくいけば、最終的には××を目指したい」という形の説明です。わかりやすくて謙虚さも感じられる回答ですが、「うまくいけば、最終的には」の部分はやや冗長。「行く行くは××を目指したい」と言えばすっきりと美しい表現になります。「行く行くは」は「うまくいけば、最終的には」という意味に加え、高い目標に向かって一歩ずつ進もうとする語り手の意思も表現する、謙虚かつ力強い言葉です。

来たる〇〇年も

年末の仕事納めのときの挨拶は「来年もどうぞよろしく」。でも、あらたまったスピーチをする場合は、「来年も」の代わりに「来たる二〇××年もどうぞよろしくお願いします」と言ってみてください。意味は同じですが「来たる」というやや硬い文語が入るだけで、挨拶の格調が高まります。

幾久《いくひさ》しく

結婚披露宴などの祝いの会では、どうしても「末永く」という表現ばかりが繰り返されてこの言葉の鮮度が落ち、ときにはしつこく感じられることもあります。そんな中で挨拶することになったら「幾久しくお幸せに」「幾久しいご繁栄を」という言葉を使ってみてください。意味は同じでも、新鮮な言葉を探した真心が会場に伝わり、いい雰囲気を醸すはずです。

魂《たましい》

日本人的精神の代表とも言える「八百万《やおよろず》の神」の信仰。スピリチュアルな事象を示す大和言葉が多くあることは言うまでもありません。

よく訪れる寺の境内には、立派な仏像や供養塔とともに、亡き愛馬のために立てた馬頭観音塔、牛や豚の成仏を願う獣魂碑、裁縫や書道の相棒だった針や筆を供養する碑などが並び、その前に立つと、愛情を感じるすべての対象に魂を見いだし、大切にしていた先人たちの心の豊かさに圧倒されます。そして思うのです。自分もこの文化を受け継ぎたいと。

　どれほど深く愛した相手とも別れる日は訪れます。でも、思い起こせば、それまで最も深く感じてきたのは、目には見えない互いの「心」が触れ合う喜びであり、その時点ですでに神秘的な交わり。姿が失われても、その「心」が消えた証拠はないのだから、魂の存在を思うのは、いたって自然なことです。

　もちろん、「○○の魂のせいであなたの家は不幸になる」といった怪しい言説に惑わされない知性を持つことは大事。でも、それさえ心に留め置けば、魂への思いは、ほぼすべての人の人生に、大きな安らぎと希望をもたらすように思います。

御霊《みたま》

企業などの記念祭では、式次第の中に、亡くなった関係者への追悼が組み込まれていることが多く、部外者も厳粛な気持ちになりますが、ある記念祭では司会者が「霊《れい》を招き」「霊《れい》に感謝」といった言葉を使っていて、すぐには意味がわかりづらいときがありました。「霊」は「例」「礼」「零」など同音異義語があるため、会話やスピーチで使うと誤解が生まれやすい単語です。「霊」の同義語としてまず浮かぶのは「魂《たましい》」ですが、こうした場面で言いかえるのにふさわしいのは「御霊《みたま》」。「亡き人々の御霊に感謝の思いを捧げ……」のように用いれば、聞く人の心に故人の魂のイメージがくっきりと浮かびます。

「御霊」は、「生死を超えて存在する心」を意味する「たま」に、敬意を表す「御《み》」をつけた言葉。魂《たましい》も、同じ「たま」から生まれた言葉で、意味はほぼ同じですが、現代においては、御霊は死者の霊を指し、魂はより広い意味で用いる、という使い分けがあります。「御霊屋《みたまや》」は、祖先や貴人などの霊を祭る霊廟のことです。

手向《たむ》ける

神仏や死者に供え物をする際には「献じる」「奉納する」という言葉がよく用いられますが、大和言葉には「手向ける」という表現があります。手を使って、供え物を

相手に向けて差し出す、という意味。「追悼の会では、みんなで花を手向けて祈りましょう」のように用いれば、「献じて」といった硬い言葉よりも、故人と直接触れ合うイメージを表現できます。

みまかる

死について語るときは、会話の相手と死者の両方へ敬意を示さなければならないので、言葉選びに気を遣います。一番難しいのは、相手の身内の死と自分の関係者の死の両方に触れる場面。「御尊父が亡くなったのと同じ週に、私の親戚も亡くなり……」のように、同じ「亡くなる」で表現すると、相手は同等に扱われたことを不快に感じるかもしれません。それを避ける方法としては、相手の側は「亡くなる」、自分の側は「みまかる」で表す、という使い分けがあります。「みまかる」は「死ぬ」という意味で、敬語ではないのですが、響きの中に、死に対する厳粛な気持ちが感じられるので、自分の側の人間の死を語るのに適した言葉です。

お弔《とむら》い

「お弔い」は「お葬式」のこと。でも、元になっている動詞「弔う」が、人の死を悼み、その家族を慰める、という意味なので、「葬式」からは感じられない、その本当の目的と意義を思い出させてくれる言葉です。

お社《やしろ》

休日に山を歩いていたら、「あ、またミニチュアの神社がある」という男の子の歓声。「ほんとだ」という声はお母さんでしょう。しばらく進むと、確かに高さ五〇センチほどの神社が路傍に鎮座していました。

でも「ミニチュア」ではありません。「神社」とは「神を祭るところ」で、大きさとは無関係の概念ですから、本来はこれも神社。ただ現実には、神社は鳥居や拝殿などが並ぶ宗教施設、というイメージが一般的なので、お母さんが「これも神社ですよ」と言えなかったのは、無理もありません。

では、何と呼ぶのが適当か。第一の候補は「お社」です。意味は「神社」と同じですが、こちらは立派な建築物のイメージを帯びていないので、ごく小さな神社についての話でも違和感なく使えます。第二の候補は「祠《ほこら》」。こちらは、ごく小さい神社だけを指す言葉です。「道端に小さなお社があった」、あるいは「山道で祠を見つけた」と言えば、こぢんまりした神社のイメージが聞き手に伝わります。

垂《しで》

神社の正面に張られている縄は「注連《しめ》縄《なわ》」。この名はよく知られているのに、そこに下がる白い紙のことは「注連縄の紙」などと呼んでいる人が多いようです。正しくは「垂」。「しだれる」と語源を同じくす

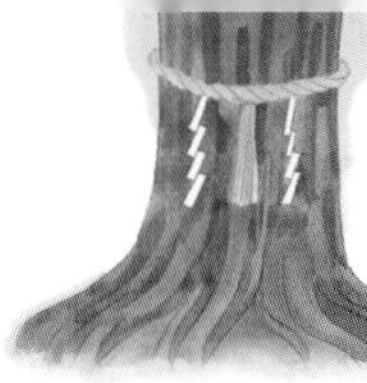

る「垂《し》づ」という古い言葉があり、意味は「吊り下げる」。その名詞形「垂で」がそのまま名称になったものと考えられます。

さえの神

「道祖神」と彫られた石柱を見たことがありますか。昔の人々は疫病や悪霊が村落に侵入するのを恐れて、村の入口に神を祭りました。それが道祖神ですが、この神様には「さえの神」という名もあります。「さえ」は「さう」という動詞の名詞形で、この「さう」は「さしさわる」「気にさわる」などの「さわる」の原形。意味は「邪魔をする」ことです。つまり、村に侵入しようとする疫病や悪霊の「邪魔をしてください」と祈って祭ったのが「さえの神」。時代が下るにつれ、旅人を守る神、縁結びの神という性格も帯びるようになりますが、「さえの神」と呼ぶと、昔の人々の恐れと必死の祈りを感じることができます。

いしぶみ

「いしぶみ」は、石碑を指す大和言葉です。私たちは寺社の境内などで多くの石碑を目にしますが、そこに刻まれた言葉をきちんと読むことは滅多にありません。でも、石碑を立てた先人は、長く読み継がれることを願って立てたはず。石の手紙、という元の意味がよくわかる「いしぶみ」という言葉は、そのことを思い出させてくれます。

虫の知らせ

身近な人の身に恐ろしいことが起きたとき、遠く離れていても何となくそれを感じた、という話は、あなたも聞いたことがあるでしょう。あるいは、あなた自身にもそうした経験があるかもしれません。最近は、この感覚を「霊感」「第六感」と呼ぶ人が多いようですが、日本人が伝統的に用いてきたのは、「虫の知らせがあった」、あるいは「虫が知らせた」という表現です。

この「虫」とは、私たち一人一人の内に宿り、通常の精神活動とは別のレベルで認知や感情に影響を与えると信じられてきた神秘的な存在のこと。何ともつかみどころのない概念ですが、面白いもので、「霊感でわかった」「第六感で察した」という言葉より、この「虫の知らせがあった」という表現のほうが、聞き手が素直に受け入れてくれる確率が高まります。聞き手にしてみれば「霊感」「第六感」と言われると超能力の自慢を聞かされている気分ですが、「虫」という古くて素朴な言葉には反発を感じないのでしょう。これぞ、伝統の力です。

あやかし

「あやかし」は妖怪のこと。語源は未詳ですが、その発音は「怪しむ」「妖しい」といった言葉を連想させるので、この一語を告げるだけで聞き手の不安をかきたてる呼び名です。もう一つ注目すべきは、「ようかい」

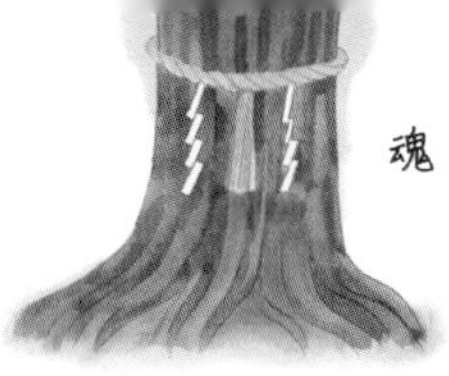

と同じ「Y」「K」の音を持つこと。偶然の一致ですが、近年、アニメの世界で頻繁に使われるようになったのは、その響きが「妖怪」に似ていて馴染みやすかったからかもしれません。

　いまは広く妖怪全般を指しますが、もともとは、海に住んで船を惑わす妖怪のことです。

奇《く》しきゆかり

「不思議な縁《えん》」は趣のある言葉ですが、結婚の報告などであまりにも多く使われるため、もう不思議さを表現できなくなっている感があります。

　意味は同じでも、まだ運命の神秘を感じさせる力を持つのが「奇しきゆかり」。「このたび、奇しきゆかりに導かれて結婚することに……」のように用います。「奇しき」は、不思議、奇異という意味の形容詞「奇《く》し」の連体形です。

幸先《さいさき》

「幸先」は、縁起、前兆という意味。「朝から虹を見るなんて幸先がいい。今日はいいことがあるぞ」といった使い方をします。語源は「幸い」の「先触《さきぶ》れ」。つまり幸福の予告。この語源を意識すると、幸先のいい出来事がより嬉しくなり、「よし、頑張るぞ」という気持ちが湧きます。

参考文献

新村出編『広辞苑（第六版）』（岩波書店）／尚学図書編『国語大辞典 第一版・新装版』（小学館）／山田忠雄他編『新明解国語辞典（第七版）』（三省堂）／西尾実他編『岩波国語辞典（第二版）』（岩波書店）／松村明他編『古語辞典（第十版）』（旺文社）／中田祝夫編『新選古語辞典』（小学館）／鈴木一雄他編『全訳読解古語辞典（第四版）』（三省堂）／大野晋、浜西正人『角川類語新辞典』（角川書店）／大野晋、浜西正人『類語国語辞典』（角川書店）／山口佳紀編『新語源辞典』（講談社）／前田富祺監修『日本語源大辞典』（小学館）／小川環樹、西田太一郎、赤塚忠編『角川新字源』（角川書店）／金田一春彦【序】、芹生公男編『現代語から古語を引く辞典』（三省堂）／現代言語研究会『日本語使いさばき辞典』（あすとろ出版）／野村純一他編『昔話・伝説小事典』（みずうみ書房）／東京書籍編集部編『慣用句・故事ことわざ・四字熟語　使いさばき辞典』（東京書籍）／増井金典『（増補版）日本語源広辞典』（ミネルヴァ書房）／池田弥三郎編『現代人のための日本語の常識大百科』（講談社）／日本古典文學大系５巻『万葉集二』（岩波書店）／日本古典文學大系６巻『万葉集三』（岩波書店）／日本古典文學大系 ９巻『竹取物語　伊勢物語　大和物語』（岩波書店）／日本古典文學大系 23巻『今昔物語集二』（岩波書店）／日本古典文學大系 別巻『索引（第１～66巻）』（岩波書店）／波多野完治 他監修『新・日本語講座５　日本人の言語生活』（汐文社）／柴田武『知ってるようで知らない日本語 1』（ごま書房）／柴田武『知ってるようで知らない日本語 2』（ごま書房）／山下景子『美人の日本語』（幻冬舎）／村松暎編『日本語に強くなる本』（日本経済通信社）／池田弥三郎『暮らしの中のことわざ』（毎日新聞社）／池田弥三郎『ことばの中の暮らし』（主婦の友社）／金田一春彦『ことばの博物誌』（文藝春秋）／金田一春彦『ことばの四季』（教育出版）／雅孝司『おもわず人に話したくなる「日本語」の本』（ＰＨＰ研究所）

【は】

【ま】

【や】

【わ】

黒文字は見出しになっている言葉、青文字は本文中・大和言葉クイズの中に出てくる言葉です。

【さ】

【た】

【な】

索引

絵　／**エヴァーソン朋子（合同会社コカブーン）**
協力／**NPO法人企画のたまご屋さん**
装丁／**西郷久礼デザイン事ム所**

※本書は2014年に刊行された『日本の大和言葉を美しく話す－こころが通じる和の表現－』（東邦出版）を改題し、再刊行したものです。

心《こころ》に染《し》み入《い》る
日本《にっぽん》の美《うつく》しい大和言葉《やまとことば》

2021年3月24日　初版第1刷発行

著　者　　高橋《たかはし》こうじ
発行者　　岩野裕一
発行所　　株式会社 実業之日本社
〒107-0062
東京都港区南青山5-4-30
CoSTUME NATIONAL Aoyama Complex 2F
電話 03-6809-0495（編集／販売）
https://www.j-n.co.jp/

印刷・製本　大日本印刷株式会社

ISBN978-4-408-42101-8（書籍管理）